生きづらい明治社会

——不安と競争の時代

松沢裕作

波ジュニア新書　883

はじめに

明治時代は、大きな変化の時代でした。

一八六八年、江戸幕府が倒れ、新しい政府が成立してから、一九一二年、明治天皇が死去するまでの四五年間のあいだに、日本は大きく変わりました。そもそも「日本」という国の範囲が広がりました。たとえば、いまでは「日本国内」とされている沖縄県は、江戸時代には「琉球王国」という独立した王国でした。明治時代の初期に、琉球王国は日本政府の方針によって消滅させられ、日本の一つの県、沖縄県になりました。

さらに、日清戦争(一八九四〜九五年)、日露戦争(一九〇四〜〇五年)という二つの戦争を、日本は経験しました。その結果、台湾や朝鮮半島などが日本の植民地となりました。

そして、明治時代は経済的には発展の時代でした。一八七〇年に約三四〇〇万人だった人口は、明治が終わるころには約五〇〇〇万人になっていました(植民地の人口は別にしています）。日本国内で生み出されたものの価値であるＧＤＰ（国内総生産）でみると、明治時代のあいだに実質ＧＤＰは約二倍になっています。

数字上の変化だけではありません。江戸時代にはなかった、機械を用いる工場があちこちにできました。また、江戸時代には、どの身分に生まれるかによって就くべき職業が決まっていましたが、新しい政府は身分制を廃止しました。義務教育制度が導入され、建前としては男性も女性も小学校教育をうけることになりました。

一八八九年には憲法が制定されました。「大日本帝国憲法」です。翌一八九〇年には、憲法にもとづいて帝国議会が開かれました。議会には衆議院と貴族院という二つの議院がありましたが、衆議院では、選挙で人びとに選ばれた代表が議員となりました。議員は、国の予算を決定したり、法律をつくったりする力をもちました。武士身分の人間だけが政治に参加することのできた江戸時代とは大きな違いです。

挙げてゆけばきりがありません。明治時代が大きな変化の時代であったことはまちがいないことです。

それでは、このような変化は「良い変化」だったのでしょうか。それとも「悪い変化」だったのでしょうか。「良いところもあれば悪いところもある変化」だったのでしょうか。

私は歴史学者です。歴史学者は、一つの変化を発見したときに、それが良かったか、悪かったかを判断することは、ふつう、ありません。なぜなら歴史学者とは、もう終わってしまったことを研究するのが仕事なので、あとからそれが良かったとか悪かったとかいっても仕方のないことが多いからです。

ただ、私には、これまで明治時代の歴史を研究してきて感じることが一つあります。それは、このような大きな変化の時代の、そのさなかに自分が生きていたら、とても不安だっただろうということです。これまでの社会の仕組みがガラガラとこわれ、見通しのはっきりしないなかで新しい社会の仕組みがつぎつぎとできあがってゆく。良くも悪くも人生に見通しが立てられた時代がいきなり終わってしまったわけです。私は臆病《おくびょう》なので、そんな社会に生きることを考えると、なかなかつらいだろうなと思ってしまいます。

もちろん、世の中にはいろいろな人がいますから、こういう変化の時代にこそ自分らしさが発揮できると考えてわくわくする人もいるのでしょう。いまでも、政治家や財界人のなかには、明治維新の立役者たち、たとえば坂本龍馬を尊敬する、という人は少なくありません(もっとも、坂本龍馬が明治維新で重要な役割を果たしたという説は、現在の歴史学者のあいだではほぼ否定されています)。

実際、明治時代に生きた人びとのなかには、大きな変化をチャンスととらえ、成功をつかんだ人もいます。たとえば、明治時代に、一財産を築いた実業家に大倉喜八郎《おおくらきはちろう》という人物がいました。彼は江戸時代の終わりから明治時代のはじめにかけて、政治が不安定だった時期に、武器の取引や、軍隊相手の商売で大きな利益を得た人物です。まさに、時代が大きく動いていたからこそ成功した人物です。彼は、明治の終わりごろ、自分の人生を振り返って、成功の秘訣《ひけつ》は「ひたすら働くこと」「自信をもって命がけで仕事に取り組むこと」だったと言っています。大倉が挙げている「命がけ」のエピソードの一つには、取引相手に商品を早く渡すため、日曜日だからといって手続きを拒む税関の役人にピストルを突きつけて手続きを無理やりやらせた、といったものまで含まれています。

たしかに大倉喜八郎は、努力をして、果敢《かかん》に行動し、その結果成功をつかんだのでしょう。しかし私は、何もそこまでしなくとも、人生なんとかならないものかと思うのです。

みんながみんな大倉喜八郎みたいな性格の持ち主だったわけでもないでしょう。だいたい、大倉喜八郎のように努力して、命がけで仕事をした人は全員が成功したのでしょうか。努力したけれど失敗した人、命がけでやった結果命を落とした人もいたと考えるのが普通ではないでしょうか。

さて、あらためてそうした明治時代の日本から一〇〇年以上たった現代の日本を考えてみるとどうでしょう。どこでも「変わらなきゃ」の声が聞こえないところはありません。政治も、経済も、教育も、すべてが行き詰まっている、だから日本の仕組みは大きく変えなければいけない。そういう意見は誰の口からもでてきます。

日本だけではないのかもしれません。アメリカ合衆国では、過激な言葉で人びとをあおったドナルド・トランプ氏が、二〇一六年、大統領に当選しました。中東では悲惨な内戦がおこり、ヨーロッパ諸国への難民の流入がおきました。そのことはヨーロッパ諸国の政治を不安定にしました。これも数え上げてゆけばきりがありません。いずれも放置しておいてよい問題であるはずがありません。

今の日本には、あるいは世界の仕組みには、変化が必要です。私もそう思います。確かに何かを変えなければいけません。しかし、私は歴史学者です。将来のことについて、何をどのように変えればいいという設計図を描くことは、少なくとも私の職業ではありません。

ただ、そんな私にも、この現代の片隅に生きる一人の人間としての希望はあります。それは、必死で努力し、命がけでチャレンジしなくても、みんながなんとか平穏無事に生きていけるような方向に、社会は向かっていってほしいということです。

この本で、私は大きな変化のなかを不安とともに生きたであろう、明治時代の人びとの経験に目を向けてみたいと思います。どんなに強がっていても、人間、不安をまったく感じずに生きることはできないはずです。もし、みなさんが、行き詰まりのなかにあり、またそこからの変化の方向もみえないこの現代に生きることに不安を感じているならば、おなじような不安を生きた明治時代の人びとの姿をみなさんに伝えてみたいと思うのです。それによって、もしかしたら臆病な私の願いが、すこしだけ実現に近づくかもしれない。

そんなことを考えて私はこの本を書きました。

私がこの本のなかでこれから述べることは、不安のなかを生きた明治時代の人たちは、ある種の「わな」にはまってしまったということです。人は不安だとついついやたらとがんばってしまったりします。みんなが不安だとみんながやたらとがんばりだすので、取り残されるんじゃないかと不安になり、ますますがんばってしまったりします。これは、実は「わな」です。なぜなら、世の中は努力すればかならず報われるようにはできていないからです。

明治時代と現代のあいだには一〇〇年以上の隔たりがあり、単純にくらべることはできません。しかし、考える手がかりとして、明治時代と現代の似ている点をみつけることはできます。これから、この本では、そうした似ている点を手がかりにしながら、なぜ明治の人びとはこんな「わな」にはまってしまったのかを考えてみたいと思います。

目次

第一章

突然景気が悪くなる

——松方デフレと負債農民騒擾

●景気変動

経済の調子、つまり景気というものは、良くなったり悪くなったりします。それによって、モノの値段は上がったり下がったりし、仕事の数も増えたり減ったりします。私は大学の教員をしていますが、就職活動をする学生たちの様子を見ていると、景気の動向を感じることができます。ある年は学生たちの就職が早くきまってゆく、別の年はなかなかきまらない、そんな経験をするのです。運よく景気の良い年に卒業できる学生はラッキーということになります。自分が大学を卒業するのがいつごろかということは自分ではきめられませんから、考えてみれば不条理な話です。

景気は徐々に良くなったり、悪くなったりすることもありますが、突然悪化することもときどきおこります。一九世紀から二〇世紀前半の世界では、突如として株式の価格やモノの価格が下落し、不景気に陥る、「恐慌《きょうこう》」と呼ばれる現象がくり返しおきました。一九二九年におきたいわゆる「世界恐慌」が、第二次世界大戦への道につながったことはよく知られているでしょう。

第二次世界大戦後、資本主義的な経済の仕組みを採用している先進国では、戦前の世界恐慌を反省して、政府が経済に介入し、景気の変動を穏やかなものにする政策がとられるようになりました。しかし、二一世紀にはいると、経済の変動は政府のコントロールを超えるようになってしまい、世界的な経済危機が相次いで発生する時代が、ふたたびやってきてしまいました。

たとえば、二〇〇八年九月一五日、アメリカのリーマン・ブラザーズという大手投資銀行が経営破綻《はたん》すると、それをきっかけに世界の株式相場が暴落し、世界的な不景気が訪れました。「リーマン・ショック」と呼ばれる経済危機です。

日本でも不景気となったのですが、このときに、就職活動をしていた大学生に「内定取り消し」を通知する企業がありました。予想していたよりも景気が悪化してしまったので、企業は、翌年度の人件費を抑えるため、採用を予定していた学生に「やっぱりあなたを採用することはやめました」と言ってきたのです。翌年からその企業で働くつもりだった学生は困ってしまいます。

法律上は、内定を出した時点で、企業と、内定をもらった人のあいだには契約が成立したとみなされます。企業が契約を破棄《はき》できるのは、「客観的に合理的と認められ社会通念上相当として是認できる」場合、つまり、誰が見ても「これはしかたがないな」という事情がある場合に限られます。だから、「内定取り消し」を一方的に通告されたからといって、それでおしまいというわけではありません(もし、みなさんが就職活動をしてそういう目にあったときのために、ぜひ覚えておいてください)。

とはいえ実際には、景気が急激に変動して、このままだと企業がつぶれてしまうという状況になれば、新規採用を抑えたり、従業員を解雇《かいこ》したりすることは当然おきてきます。就活をして内定をもらった学生たち、日々仕事をしていた労働者たちには、アメリカの証券会社が倒産したことにはなんの責任もないわけですが、突然の不景気はそうした人びとの生活を吹き飛ばしてしまうわけです。やはりなんとも不条理な話です。

● 松方デフレ

実は、明治時代の社会の仕組みができあがってゆく過程を振り返ってみると、このような大きな景気の変化が一つの画期となっています。それは、一八八一年から一八八六年ごろまで続いた「松方デフレーション」、略して「松方デフレ」と呼ばれる大不景気の時代です。

「松方」というのは、一八八一年、大蔵卿《おおくらきょう》(大蔵省の長官。現在なら財務大臣にあたります)に就任した松方正義《まつかたまさよし》の名前から来ています。「デフレーション」というのは、モノの値段が継続的に低下することです。このデフレーションは、松方が主導した財政・経済政策によって引き起こされたため、松方の名を冠して「松方デフレ」と呼ばれるのです。

松方正義が大蔵卿に就任する以前、日本政府の経済政策の責任者は大隈重信《おおくましげのぶ》でした。大隈重信は、政府の支出を積極的に増やす経済運営をおこないました。それは大隈が、当時の日本では、欧米に遅れをとっている近代的な工業の振興をはかるため、政府が資金を投じて近代工業を育成する必要がある、と考えたからです。しかし当時の日本政府には十分なカネがありませんでした。そこで大隈は、紙幣をたくさん発行することでこれに対応しようとします。

紙幣を多く発行すれば、世の中に出回っているモノの量に比べてカネの額が増えてしまうので、カネの価値が下がります。たとえば米一石が、それまでだいたい三円で買えていたとしても、カネの価値が下がるとおなじ量の米を買うのに、三・五円が必要になったりします。つまり物価が上がるわけです。これがインフレーションです。

インフレーションは、決まった給料でモノを買う消費者にとっては困ったことですが、逆に、たとえば米を売る農家の側から考えてみると、以前より高い値段で米が売れるわけですから、景気が良くなったという感じがします。こうして、大隈の経済政策のもとで、農村は好景気に沸くことになります。

しかし、インフレーションをいつまでも放置するわけにはいきません。大隈自身は、政府の資金を投入して産業を盛んにすれば、やがてモノも増え、どこかでバランスがとれると考えていたようです。ところが、実際にはそうはなりませんでした。特に、一八七七年、鹿児島で政府の方針に反感をもつ士族たちが、西郷隆盛を指導者に仰ぎ反乱をおこすと、政府はその鎮圧《ちんあつ》のために軍事費が必要になり、さらなる紙幣の発行をおこないました。これにより、ますますインフレーションが進んでしまいました。

当時、日本政府の最大の財源は、「地租」という税金でした。この税金は、一つ一つの土地に値段をつけて、毎年その二・五パーセントを税金としてとる、というものです。税金の基準となる土地の値段は、一度決めたあと、そのまま固定されていました。そのため、政府の収入は、物価が上昇してもあまり増えない構造になっていました。政府がモノを買うときの物価は上がってゆくのに、政府の収入は増えないのでは、政府は財政難におちいってしまいます。

一八八一年一〇月、大隈重信は政府から追われ、失脚します。いわゆる「明治一四年の政変」です。この事件は、財政政策とは直接の関係はなく、国会開設の時期をめぐる政府内の対立の結果です。しかし、この事件で大隈が政府を去ったことにより、政府の財政政策は一変することになります。

松方正義は、政府の財政危機を打開するために、つぎのような方法をとりました。第一は緊縮財政です。大隈の時代と反対に、政府はなるべくカネをつかわないようにして、とった税金から余りが出るようにするのです。その余り、つまり税金として納入された紙幣の一部は廃棄し、残りはつかわないで貯蓄に回します。こうすることによって、世の中に出回っているカネの量を減らし、インフレーションを抑え込もうとしたのです。

もう一つは増税です。地租だけに頼るのではなく、醤油《しょうゆ》や酒の取引に税金をかける間接税の導入や増税をおこないます。

松方は、こうした思い切った政策の転換によって、インフレーションを終わらせ、政府の財政を安定させました。全体としてみれば、松方正義の政策は、日本経済を危機から救い、日本の近代的な経済発展の基礎を築いたと評価することもできます。

●松方デフレの影響

しかし、それはあくまで、日本の経済を一つのかたまりとして眺《なが》めた場合、それもあとから振り返ってみた場合のことであって、その時代、そのなかで生きていた一人ひとりの人間にとって、松方の経済政策が幸福をもたらしたかどうかというのとはまったく別の話

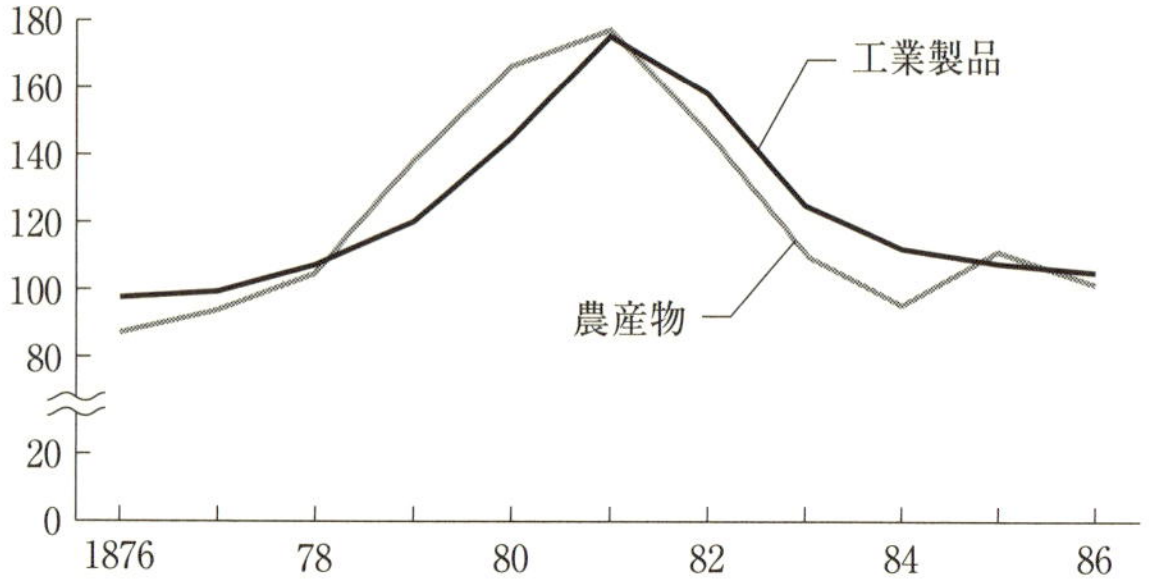

農産物は 1874〜76 年＝100，工業製品は 1874 年＝100 とする指数
出典：三和良一『概説日本経済史　近現代（第 3 版）』東京大学出版会，2012 年

図 1　1876〜86 年の物価の推移

です。

世の中に出回るカネの量を減らしたわけですから、モノの値段は下がり、景気は突然悪化しました。図1をみてください。これは一八七六年から一八八六年までの物価の推移を示した図ですが、松方の新しい政策が始まった一八八一年から八二年にかけて、物価は急激に低下をはじめ、農産物の価格は一八八四年まで、工業製品は八六年まで下がりつづけたことがわかります。

農産物のなかでも、とくに繭《まゆ》の価格の下落は激しいものがありました。繭は、絹糸の原料です。農家は桑を育て、桑をエサとして蚕《かいこ》、つまりカイコガの幼虫を育てます。蚕がサナギになるときにつくるのが繭です。蚕を育て、繭をつくる仕事を「養蚕《ようさん》業」

「1890年頃の養蚕農家」(『モース・コレクション写真編　百年前の日本』小学館, 1983年より. セイラム・ピーボディー博物館所蔵)

と呼びます。農家は、この繭を、絹糸を生産する業者に売って収入を得るのです。絹糸は、当時の日本の代表的な輸出品でした。

松方が大蔵卿になる前のインフレーションの時代には、物価は毎年上がってゆきましたから、繭も毎年高く売れました。そこで、農家のなかには、借金によって経営規模を拡大しようとするものもありました。

このころ、農家がお金を借りる場合、土地を担保として差し出すことが一般的でした。もし一定の期間にお金が返せなければ、土地はお金を貸した人のものになります。

このように借金をした農家にとって、いきなり物価が下落してしまうと、大変に困ったことがおこります。予想に反して収入が減ってしまうので、お金が返せなくなり、土地が人の手にわたってしまうのです。養蚕農家ばかりでなく、土地を担保としてお金を借り、一時的に生活を支えていた農家はたくさんありました。そうした農家は、インフレーションからデフレーションへの突然の変化によって、自分の土地を失ってしまう危機に直面したのです。彼らはいわば、日本経済全体の激しい動きにまきこまれてしまったわけです。この時期、一方には多くの土地を自分のものとし、その土地を他人に貸して収入を得る地主が、一方には自分の土地を失い、他人から土地を借り、小作料をしはらって農業をおこなう小作人の数が増えます。「地主制」と呼ばれる、第二次世界大戦前の日本を特徴づける農業の在り方が、この時期に定着したのです。

●負債農民騒擾

それでは、借金をかかえた農民たちは、みな黙って自分の土地が人手にわたることに納得していたのかといえば、そうではありません。一部の農民は、借金の返済を待ってほしい、借金の額を減らしてほしいと、お金の貸し手や役所に働きかけました。こうした一連の動きを、現在の歴史学者は「負債農民騒擾《そうじょう》」と呼んでいます。

「騒擾」というのは、「騒ぎをおこすこと」という意味です。本来はあまり良い意味ではないのですが、定着している用語なのでここでもこの単語をつかいます。負債農民騒擾とは、負債、つまり借金をかかえた農民が、お金の貸し手に対して、集団的に交渉をおこなったり、デモンストレーションのようなことをやって圧力をかけたりする、そうした運動のことです。

松方デフレの時期にどのくらいの負債農民騒擾が発生したのか、その数を示したのが表1です。この表に掲げられているのは、あくまで現在記録がのこっている負債農民騒擾の数にすぎません。実際には、記録にのこっていない事件が、これよりもはるかにたくさんあったに違いありません。また、ここに挙げられている事件には、ごく小規模なものも大規模なものも含まれています。小規模なものというのは、たとえば、数十人の農民が一回

表1　負債農民騒擾の発生件数

	1883年	1884年	1885年	合計
宮城		1	1	2
福島	1	3		4
茨城		2		2
群馬	7	5		12
埼玉		4		4
神奈川	1	10		11
山梨		2		2
長野		1		1
静岡	2	12	4	18
新潟		1	2	3
石川	1			1
京都		1		1
兵庫		1		1
岡山		1		1
鹿児島		1		1
合計	12	45	7	64

出典：稲田雅洋『日本近代社会成立期の民衆運動』筑摩書房，1990年

だけ集会を開いたというようなものですし、大規模なものといえば、埼玉・群馬・長野の三県にまたがる武装蜂起事件である秩父事件も含まれます。秩父事件には自由民権運動の影響があったため、自由民権運動の一事件としてその名前を知っている人も多いかもしれませんが、運動参加者の要求の中心にあったのは、借金返済の猶予《ゆうよ》です。

以上のことをあたまにおいて、表1をもう一度みてみると、一八八三年から一八八五年のあいだに、全国で合計六四件の事件がおきたことがわかります。時期をみると、一八八四年の四五件が最多で、この年に集中しています。図1をもう一度みていただくと、この年は、農産物価格がもっとも低かった年、つまり不景気の一番ひどい年であったことがわ

かります。

　地域別にみてみると、群馬県、埼玉県、神奈川県、静岡県で比較的多数の事件がおきています。これは、これらの地域で養蚕業が盛んであったことと関係しています。さきほど述べたように、養蚕農家は、松方デフレの影響を特に強く受けたため、これらの地域で多数の事件が発生したのだと考えられます。

　具体的に、大規模な負債農民騒擾としてよく知られた事件として「武相困民党《ぶそうこんみんとう》事件」についてて紹介してみましょう。この事件は、現在の神奈川県および東京都多摩地域で展開した一連の負債農民騒擾です(なお、多摩地域は当時神奈川県に属していました)。「武相」の「武」は、旧国名「武蔵《むさし》」の頭文字、相はおなじように「相模《さがみ》」の頭文字です。武蔵国と相模国にまたがる地域でおきた事件であることからこの名があります。また「困民党」というのは、そういう名前の政党が存在したわけではなく、新聞記者や周囲の人びとが「困窮した人たちの運動」という意味で外から付けた名前です。

　この地域の人びとは、主として八王子という町の周辺で運動を繰り広げます。八王子の町を見下ろす山や峠にあつまり、そこで太鼓を打ち鳴らしたりしてデモンストレーションをおこなったのです。当時、八王子には金融機関や商人など、お金の貸し手の本拠地が多数存在していたからです。

農民たちは何度も集会を開きますが、当時の新聞記事によれば、一八八四年八月一〇日に開かれた集会はつぎのような様子だったといいます。あつまった農民は千数百人、一同は蓑笠《みのかさ》に身をかため(これは江戸時代の百姓一揆のときの服装です)、莚《むしろ》や竹を用意し、太鼓を打ち鳴らして、八王子へ大挙して行進しようとしていました。農民たちの要求内容は、借金の返済を五年間待ってもらうこと、そのあと五〇年かけて、分割払いで返済することを認めること、担保として他人の手に渡った土地も、五〇年かけて分割払いで買い戻す権利を認めること、といったものでした。

この大集会のしらせを聞き、警察官がやってきます。しかし警察官の数は三、四十名ばかりと、農民の方が多数で、対抗できません。警察官は農民たちに言葉で説得をこころみます。それは、このような多人数で八王子に押し出せば、暴動をおこしたということで犯罪になってしまう。もし、借金についてお金の貸し手と交渉したいのであれば、大勢で押しかけるのではなく、代表を選んで交渉したらよかろう、というものです。この警察官の説得に応じて、多くの農民は解散しますが、一部はその場に残り、警察に逮捕されました。

こうして、運動は農民の代表と貸し手の交渉にうつりますが、貸し手も簡単には妥協《だきょう》しません。運動の指導者が警察に逮捕されたり、二〇〇名あまりの農民が八王子の警察署に押しかけて逮捕されたりという事件もおきます。

農民と貸し手のあいだに入って仲裁をこころみる人たちもいました。しかし、仲裁人の説得をうけて貸し手側が発表した妥協案は、農民たちの要求からかけ離れており、仲裁活動は失敗に終わりました。

農民たちの代表は、今度は神奈川県庁に嘆願《たんがん》をおこなう戦略に出ますが、逆に県令《けんれい》（現在の県知事にあたる、県のトップです。現在と違い、選挙でえらばれるのではなく、政府から任命されてやってくる役人です）から、運動の組織を解散するように説得されてしまいます。行き詰まりを感じた一部の農民たちは県庁所在地である横浜にむかってデモ行進をおこなおうとし、警察に鎮圧されます。そして、指導者たちもつぎつぎと逮捕され、一八八五年の初めごろには、この地域の負債農民の運動は壊滅してしまいます。

●江戸時代の習慣と明治の制度

現代の私たちからすれば、借りたお金を契約通りに返すのは借り手の責任のように思われます。借金の返済を五年間待てとか、五〇年かけて返すとかいった農民たちの要求は、身勝手のようにも思われるかもしれません。

しかし、農民たちは、このような主張を決して身勝手なものとは考えていませんでした。それは、このような事件がおこるより十数年前の江戸時代には、農民が土地を失うようなことはできるだけ避けなければならず、土地を失いそうな農民に対しては配慮をしなければならないという考え方がある程度広がっていたからです。地域によっては、借金が返せず、担保となっていた土地がいったん他人のものとなったとしても、その後、元金に相当するお金が準備できたならば、それがたとえ何十年後であっても、元の持ち主に土地を返さなければならないといった習慣が存在していました。

なぜこのような習慣が存在したのでしょうか。江戸時代の農民たちは現在の私たちに比べて心優しい人たちだったからでしょうか。もしかしたらそうなのかもしれませんが、それだけでは説明がつきません。こうした習慣が生まれた理由は「村請制《むらうけせい》」という制度にあります。

村請制とは、幕府や大名といった領主に支払う年貢を、村単位の連帯責任で負担する仕組みのことです。ある一人の農民が困窮し、年貢が払えなくなっても、村で納めなければならない年貢の総額は変わりません。村全体で肩代わりして払うことになるわけです。

もし土地を失って村から出てゆく人が増えてしまえば、村に残る側にとって、少ない人数で以前とおなじ額の年貢を負担しなくてはなりません。だから、困窮した農民の手元に土地が残るように一定の配慮をしてやることは、村全体の利益でもあったのです。

借金をかかえ、土地を失いかけている農民たちは、こうした江戸時代の考え方にもとづいて、お金の貸し手に自分たちへの配慮を求めたわけです。ところが、この時代の銀行や金貸しの側からみると、こうした主張にはなんの説得力もありませんでした。というのは、一八七〇年代におこなわれた地租改正という土地制度・税制の改革によって、村請制は廃止されたからです。地租改正によって、村全体ではなく、土地をもっている一人ひとりの持ち主が税金を納める責任を負うことになったからです。もし税金が払えなければ、現在と同様に、その人の財産が差し押さえられるというだけのことで、他の人にはまったく関係がありません。

つまり、借金をかかえた農民たちは、江戸時代以来の習慣にもとづいて要求を出したのですが、明治時代の新しい制度のもとでは、お金を貸した側の目には、それは単なる身勝手としか映らなくなっていたのです。このような、二つの価値観のぶつかり合いから生まれたのが負債農民騒擾でした。

●須長漣造の怒り

結局、借金をかかえた農民たちの運動は、多くの場合、武相困民党事件と同様、警察の力によって抑え込まれました。

武相困民党の指導者の一人に、須長漣造《すながれんぞう》という人物がいました。彼は、運動の経過、交渉の内容や提出した書類について、詳細な記録を残しています。ところが、淡々とした記録、ひたすら自分たちの苦しい状況を役所に嘆願する書類の写しといったもののほかに、つぎのような激しい言葉を書きつけたメモが残されています(『三多摩自由民権史料集』)。

私立銀行金貸社会〔会社〕に於ては是迄窮民を圧倒する甚た敷、其返報としては一夜の基に建造物は灰燼《かいじん》となし、一時の中に斬に処し、骸《むくろ》は街の梟首《きょうしゅ》に掛け、遺体は原野に鳥獣の腹を肥し、其心地能きを見て初て懐復の志望を起すもの也

感情的に書きつけられた言葉で、意味がよく通らない部分もありますが、だいたいの意味はつぎのようなことです。お金の貸し手である銀行や金貸会社は、これまで私たち貧窮した人びとをひどく抑えつけてきた。その報復として、一夜のうちに銀行や会社の建物に火をつけて焼き払い、一瞬のうちに彼らを切り殺し、首をさらし、遺体を原野に放置して鳥や獣に食わせてしまえ。それをみてようやく私は心が落ち着くだろう、と。

須長が、実際にこのような行動を計画したわけではありません。前に述べたとおり、運動の指導者としての須長は、あくまで粘り強い交渉によって事態を打開しようとしていたことが、残された記録全体からはうかがえます。しかし、そのような交渉に臨む須長の心

の内には、このような強い憎悪が、強い報復の感情が、渦巻いていたのです。それを抑えきれずに須長はこの文章を、思わず書きつけたのでしょう。

●デフレーションという不条理

須長漣造をはじめとする農民が借金を返せなくなってしまったのは、政府が、政府の都合で一方的に経済政策を変更し、インフレからデフレへと景気が一転してしまったことが原因です。農民たちにしてみれば、これはまったく不条理な話に巻き込まれたように思われるのは当然のことです。

現在の世界各国の政府は、多かれ少なかれ、このような急激な景気変動がおこらないように経済を運営しようとします。景気が悪くなることは政府の支持の低下につながりますから、現在の日本政府も「経済成長をめざす」とことあるごとにくりかえしています。それにくらべれば松方大蔵卿の経済政策はかなり乱暴なもので、まだ議会や選挙がない時代、政府が国民の支持率をあまり気にする必要がなかった時代だからこその政策といえるかもしれません。

しかし、景気の変動を完全にコントロールすることは、現在でも不可能です。最初にみたように、むしろ世界の経済的結びつきが緊密になることで、以前よりも経済危機がおこりやすくなっているのが現代です。不条理に巻き込まれた須長漣造の怒りは、私たちにとっても、決して他人事ではないのです。

第二章

その日暮らしの人びと

——都市下層社会

●ドヤ街とネットカフェ

現代日本には「日雇《ひやと》い労働者」という仕事があります。土木工事、建設作業などに従事し、一日単位で賃金をもらう労働者のことです。一日単位の労働なので、生活は不安定です。仕事がなければその日の収入はゼロということになるからです。日雇い労働者は、「簡易宿泊所」、通称「ドヤ」と呼ばれる、安価な宿泊施設に寝起きすることが多く、東京の山谷《さんや》、大阪のあいりん地区などは、こうした日雇い労働者、簡易宿泊所があつまる「ドヤ街」として知られています。このような日雇い労働者の不安定な境遇は、アジア・太平洋戦争後の日本における代表的な貧困問題でした。

しかし、現在では、このような以前から存在する日雇い労働者の貧困とは異なる形での貧困が、都市の中にひろまりつつあることが注目されています。それは「ネットカフェ難民」と呼ばれる人たちです。

二〇一六年から一七年にかけて、東京都は都内のネットカフェ約五〇〇店舗を調査し、

ネットカフェを生活の場とする（2008年）　©EPA＝時事

約四〇〇〇人が、住居をもたず、ネットカフェを生活の場とする「ネットカフェ難民」であるとする結果を公表しました（『朝日新聞』二〇一八年一月三〇日）。住居を失った理由は「仕事を辞めて家賃が払えない」「仕事を辞めて寮などを出た」が半分以上を占めます。とはいえ、彼らは仕事がまったくないわけではなく、八七パーセントが仕事には就いているものの、パート、アルバイト、派遣労働者など不安定な仕事をしている人が多いとされています。

このように、仕事はあるのだが、生活が不安定で定まった住居がもてない。こうした生活のあり方が、現代社会にも存在しています。そして、明治時代の社会には、現在よりもはるかに多く、このような不安定な生活を送っている人が存在していました。この章では、そうした人たちの生活について、考えてみたいと思います。

●貧民窟

話を江戸時代にさかのぼらせます。江戸時代の都市社会、とくに江戸、大坂といった大都市は、おなじ江戸時代の農村社会に比べると、はるかに格差の大きい社会でした。

大都市には、江戸幕府の将軍を頂点とする武士たちが住んでいます。そして、その武士たちを除いた町人たちのなかにも、大変に豊かな商人たちがいました。たとえば、呉服業・金融業者である三井家の一族などはその代表的存在です。三井越後屋は、近代の三井財閥・三越百貨店の源流です。こうした大商人は、大きな店舗を構え、大勢の従業人を雇うとともに、都市のなかに多くの不動産を所有していました。

こうした大金持ちが存在する一方、江戸時代の都市には、ほとんど財産を所有しない人びとが多く暮らしていました。そのなかには日雇いで働く肉体労働者もいました。建設作業、土木工事に従事する労働者、荷物の積み下ろしをしたり、車を引いたりといった交通に係る労働者たちです。江戸時代に特有の仕事として、武士の屋敷で働く武家奉公人といった仕事もありました。武家奉公人は、「人宿《ひとやど》」という、現在でいえば労働者派遣業にあたる業者を通じて、都市下層民から武士の屋敷に送り込まれていました。

こうした近世の都市下層民が、明治の都市下層民の源流になります。明治になると武士身分は消滅しますので、武家奉公人という仕事は消滅します。かわって、一八七〇年に人が車に人を乗せてはしる人力車が発明されると、人力車を引く人力車夫《しゃふ》が都市下層民の大きな部分を占めるようになります。

さらに、前の章でみたように、松方デフレの時期には農村で自分の土地を失う農民が生み出されます。農民の多くは、土地を失ったからといってただちに農村を離れるわけではなく、地主から土地を借りて、小作農として生きる道を選びますが、一部は都市に流入し、都市下層社会の一員となります。

明治時代の日本の都市は、実は多くの働き口を提供している場所ではありませんでした。機械を用いる、近代的な工場の設立が進みつつあったとはいえ、その数は決して多くはなかったからです。農村から都市に流入してきた人びとは、日雇い労働や人力車夫をはじめとする、さまざまに雑多な職業に従事し、その日その日を生きてゆくことになるのです。

　こうした都市下層民は、特定の場所に集中して住むようになります。当時、そうした下層民の集住地区は「貧民窟《ひんみんくつ》」と呼ばれました。現代の用語でいえばスラムにあたるものです。東京では、四谷鮫河橋《さめがばし》、芝新網《しばしんあみ》、下谷《したや》万年町の三か所が「三大貧民窟」と呼ばれていました。貧民窟に居住する都市下層民の正確な数はわかりませんが、一八九七年ごろの東京市内(現在の東京都二三区よりやや狭い範囲です)では、人力車夫と屑拾《くずひろ》いという代表的な貧民窟の住人の職業だけで、およそ四万七〇〇〇人がいたという推計値が出されています。

●貧民窟のルポルタージュ

　貧民窟のありさまを今日の私たちに伝えてくれる文献が、明治時代の中ごろから後半にかけて、ジャーナリストたちが執筆し、雑誌や新聞に掲載されたり、本にまとめられたりしたルポルタージュです。まとまったものとして有名なのが、松原岩五郎『最暗黒の東京』(一八九三年)と、横山源之助『日本の下層社会』(一八九九年)です。

このころ、政府や地方自治体は、都市の貧民窟の状況にあまり関心をもっていませんでした。そのため、都市下層民の生活について、公的な機関が調査をおこなうこともありませんでした。都市下層の貧困が問題視され、政府や地方自治体が本格的な調査に乗り出すのは、大正時代に入ってからです。

そのため、現在の私たちは、こうしたルポルタージュを通じて当時の都市下層民の暮らしを知るしかありません。しかし、これらのルポルタージュの書き方には、ある歪《ゆが》みがあることにも注意しなくてはなりません。

さきに名前をあげた二つのルポルタージュのうち、ここでは、松原岩五郎の『最暗黒の東京』を例としてとりあげてみましょう。

著者の松原岩五郎は、当時の大手新聞の一つ、『国民新聞』の記者でした。『最暗黒の東京』は、ある日ジャーナリストたちが宴会を開いている場面から始まります。その宴会で、ジャーナリストたちは、ヨーロッパにおける貧困層の状況や、そこから社会主義運動のような、貧富の格差をなくそうとする運動がおきていることを語り合います。そこで松原は、日本の下層社会の実態を自分で経験してみようと決心します。

最初に松原がおこなったことは、粗末な衣類を着て、数日間野宿することでした。汚れ、疲れた姿になって、「これですっかり貧民窟の住民らしくなった」と松原は記しています。つまり、一種の変装です。松原は、変装しなければ都市下層社会には入り込めないと考えているわけです。当時の新聞記者というのはそれほど社会の上層に位置する職業でもないのですが、その松原にとって、貧民窟は、自分たちが生きるのとは違う世界としてとらえられていることがわかります。

松原のルポルタージュには、このような「知らない世界をのぞき込む」という見方が一貫してあります。自分の知らない、何がおきているのかちょっとわからない、おどろおどろしい世界に潜入するというような感覚です。書き手にとっても、読み手にとっても、「それはびっくりだ！」といったことがらが書き込まれ、都市下層の世界が自分たちの暮らす世界とどれだけ違うかということが強調されるのです。もちろん一方で、そのような書き方は「あのかわいそうな人たちを放置しておいてよいのか」という善意のメッセージを伝える役割を果たしたかもしれません。しかし、それは、見知らぬ世界をのぞき込むというエンターテイメントの要素も、強くもっていました。

現在の私たちは、明治の貧民窟を描いたルポルタージュがこうした歪んだ目線をもっていることに十分注意したうえで、それを読まなくてはなりません。同時に、このようなルポルタージュの目線からは、明治時代、都市下層の人びとが暮らす貧民窟が、外の世界から隔てられていたこと、つまり、明治の都市社会にはそれだけ大きな格差があったことを知ることができるのです。

●住居と家族

このような目線の特徴に注意しながら、これらのルポルタージュから、明治の都市下層社会のありさまを紹介してゆきましょう。

第一の特徴として、家族が安定した形をとっていない、ということが挙げられます。横山源之助は、広くても六畳、たいていは四畳の部屋に、夫婦・子ども・同居者など五、六人が住んでいるのが普通であった、と述べています。狭い一つの住居に居住している人びとの年齢もさまざまで、一時的にその家に滞在しているような人も多い、このような住まい方が貧民窟の特徴であると横山はいいます。父・母・子どもからなる家族ばかりではなく、年齢層もさまざまなら、同居者が血縁・婚姻関係にあるものばかりとも限らない、というわけです。くわえて、横山は、夫婦といっても、正式に戸籍上の結婚をしている夫婦は稀《まれ》で、いわば「事実婚」の夫婦が多く、夫婦喧嘩が絶えない、とも述べています。

こうした横山の報告は、「家族はこうあるべき」という横山なりの理想像との比較で描かれています。つまり、横山は、正式に結婚した夫婦とその子どもからなり、それ以外の同居人を含まない、愛情にみたされた安らぎの場としての家庭が理想だと考えており、それとはあまりにかけ離れた貧民窟の生活のあり方を問題のあるものとして描写しているわけです。これも貧民窟ルポルタージュの描写の歪みの表れの一つです。現在のように価値観が多様化していれば、別に血縁関係のない同居人がいても充実した生活の場をつくることは可能だと考える人もいるでしょう。男性と女性が戸籍上の夫婦にならなければ安定した家庭をつくれない、と考えるのも偏見といえば偏見です。

それでも、横山のこの報告は、少なくとものちの時代に平均的でふつうとされる家族のあり方が、この時代の都市下層民にとっては「ふつう」でもなんでもなかったことを示しています。それは、ある時代の、ある人びとにとっての「あたりまえ」が、別の時代、別の人びとの「あたりまえ」とは限らない、という大事なことを教えてくれます。「日本の伝統的な家族」などという表現に出会った時には、よほど注意して、それが本当に昔から変わらない伝統であったのか考えてみる必要がありそうです。

横山がここで描写している住居は、いわゆる「長屋《ながや》」の一部屋の姿です。長屋とは、アパートのように、一つの長い建物を壁で仕切った住居で、木造平屋建てです。横山の述べるように、たいていは四畳や六畳の一部屋だけの住居です。

また、布団を所有しない世帯も珍しくないというのも一つの特徴でした。都市下層の住民たちのなかには、布団を購入するだけのまとまったお金がないため、毎日の収入のなかから、少額のレンタル料を払って布団を借りているものがいたのです。

それでも、長屋に住居が確保できるのはまだましです。住居をもてない都市下層民の住まいとして「木賃宿《きちんやど》」というものがありました。木賃宿は、安い宿泊代で、大部屋に人びとが雑魚寝《ざこね》して寝泊まりする、簡易宿泊施設です。横山源之助の調査によれば、東京市内に一四五の木賃宿があり、一か月の宿泊者は合計一万二九七四人であったといいます。

木賃宿に宿泊する人びとには単身者が多かったのですが、松原岩五郎の『最暗黒の東京』は、木賃宿の滞在者のなかには家族連れもいたと述べています。一〇畳から十四、五畳の大部屋に、三から五の家族が滞在しており、ついたてや「腰屏風《こしびょうぶ》」(腰の高さまでの屏風)といった簡単なパーテーションでお互いの空間を仕切って暮らしていたと松原は伝えています。プライバシーといったものはほとんどなかったということです。

松原は実際に木賃宿に宿泊してみた体験をレポートしてもいます。その木賃宿は二〇畳の部屋に照明はランプが一つ、まくらは丸太で、寝具は汚れ、悪臭を放ち、ノミがたくさんいるといった不衛生な状況であったことを、松原はおもしろおかしく描写しています。それは、木賃宿の滞在者にしてみれば、おもしろくもおかしくもない日常生活だったはずです。

●職業と食事

次に、貧民窟の住民たちの職業をみてみましょう。

横山源之助『日本の下層社会』は、主要な類型として「日稼人足《ひかせぎにんそく》(日雇い労働者)」「人力車夫」「くずひろい」「芸人」を挙げています。日雇い労働者と人力車夫についてはすでに述べました。「くずひろい」は、廃品回収にかかわる仕事です。「芸人」は、路上で歌や踊りを披露して収入を得る、大道芸人のことです。廃品回収も大道芸も、江戸時代から続く都市下層社会の職業です。

松原岩五郎は、より詳細に多数の職業を列挙していますが、横山が紹介したもの以外の職業としては、鋳掛屋《いかけや》(鍋や釜など、穴があいてしまった金属器を修理する仕事)、蝙蝠傘《こうもりがさ》なおしなどの修理業、粗悪な商品を露店で扱う小商人などが貧民窟に居住していたと述べています。また、松原は、「損料屋《そんりょうや》」「日済《ひな》しの高利貸」という職業も挙げています。「損料屋」とは、さきほど触れたように、布団をもっていない人びとに布団を貸すなど、各種の生活用品を貸し出すレンタル業者です。「日済しの高利貸」とは、一日単位でお金を貸

「残飯屋」(『最暗黒の東京』岩波文庫，1988 年より)

す金融業者です。いずれも、貧民窟の住民を相手に商売をする仕事で、現代風にいえば一種の貧困ビジネスです。

都市下層民の食生活はもちろんかなり切り詰めたものにならざるをえませんでした。貧民窟には「残飯屋」という業者さえ存在していました。これも一種の貧困ビジネスですが、兵舎や学校から出る残飯を買い集め、これを貧民窟で販売する商店のことです。漬物の切れ端、パンの耳、釜のそこにこびりついた米を洗い流したものなどがその商品であった、と松原は述べています。

●都市下層社会の特徴

このような都市下層民の生活の特徴は、少ない額の現金で市場からモノを買ったり、借りたりすることによって生活を成り立たせていることです。

たとえば布団のレンタルのことを考えてみましょう。毎日「損料屋」にレンタル料を支払って布団を借りるより、布団を買って長くつかったほうが、結果的には安上がりでしょう。しかし、都市下層の人びとには、布団を買うだけのまとまったお金がないのです。少額のお金が毎日入ってきては、毎日出てゆくのが彼らの生活です。土木や建設の現場で働く日雇い労働者は、天気が悪い日には仕事がないので、多少の手持ちのお金があったとしても、その時につかいつくしてしまいます。貯金をして布団を買う余裕が彼らにはないのです。

まったく水準の違う話ではありますが、現代でいえば「毎月家賃を払って賃貸住宅に住んでいるより、家を買ったほうが安上がり」と言われても、貯金がなければ家は買えません。おなじことは、現代の「ネットカフェ難民」についてもいえるでしょう。毎日ネットカフェに泊まるなら、アパートを借りるほうが安上がりということもあるでしょう。しかし、アパートを借りるには保証人が必要で、毎月家賃を払い続けることができる安定した仕事をもっていることが条件になることもあります。入居時には敷金・礼金も必要です。

食事についても同様です。現在でも「外食より自炊のほうが安くつくよ」という人がいますが、その人は自炊もまた、時間をつかって人間が働いて食事をつくるのだ、ということを忘れています。家族のあり方も不安定で、家でご飯をつくって待っている専業主婦の母・妻といったものは都市下層には稀なのです。独身者が多く、家族がいてもみな一日中働いているような社会では、自分で材料を買ってきて食事をつくって、といった余裕が少なくなり、残飯屋のような外食に依存する度合いが高まるのです。

貧しければ貧しいほど、貯蓄の余裕がなくなり、したがってあらゆるものを少額の現金でその都度購入しなければならなくなるという現実があること。明治の貧民窟は、そのことを私たちに示しています。

第三章

貧困者への冷たい視線

——恤救規則

●生活保護

前の章でみたような貧困の広がりに対して、政府や自治体はなんらかの救いの手を差し伸べることはなかったのでしょうか。

まず、現代の事情から考えてみましょう。

日本国憲法の第二十五条には、「すべて国民は、健康で文化的な最低限度の生活を営む権利を有する」という文章があります。日本国民には、最低限度のまともな暮らしを送る権利があるということです。逆に言えば、どんな理由があろうとも、その最低限度以下のまともでない暮らしを送ることを強いることは許されないということです。

そうした権利を保障するための仕組みにはいろいろなものがありますが、ぎりぎりのところでその権利を保障するのが、生活保護です。

生活保護は、生活保護法という法律にもとづいて生活困難者に支給されるもので、「国が生活に困窮するすべての国民に対し、その困窮の程度に応じ、必要な保護を行い、その最低限度の生活を保障するとともに、その自立を助長することを目的とする」とされています。具体的には一定の基準以下の経済状態にある人びとに、食費や衣服の費用といった生活費、家賃などの住宅費を支給することや、お金を払うことなく医師にかかることができるようにすることなどが定められています。

現代社会でよく問題になるのは、生活保護を受けることができるのはどのような人なのか、という問題です。たとえば、生活に余裕のある親や兄弟などの家族がいれば生活保護を受けることはできないのでしょうか。法律の定めでは、そうと決まっているわけではありません。しかし、生活保護の申請にゆくと、役所の窓口で、申請をおこなわないように説得されたり、担当者が申請してもどうせ保護は受けられないなどと述べて申請書を渡さなかったりして、門前払いしている例があることが問題視されてきました。

一方、生活保護受給者に対する人びとのまなざしは決して暖かいものとはいえません。たとえば、二〇一二年には、ある芸能人の母親がかつて生活保護を受給していたことについて、この芸能人がマスコミでバッシングを受けるという事件が発生しました。この受給は違法なものではなかったのですが、芸能人として成功した息子をもつ母親が生活保護を受けることは不正であると考える人びとが多く存在していたことを示しています。

実際には、生活保護を受ける資格がある世帯の約八〇パーセントは生活保護を利用していません。一方、不正に利用された生活保護の額は、生活保護としてつかわれた金額の一パーセントにも満たない金額です。本当は、日本の生活保護制度の問題は、生活保護の網からこぼれてしまっている人の多さにあるのに、ごく一部の「ずるをして生活保護をもらっている人」のことばかりが注目されてしまっているのです。「助けが必要な困っている人がいること」よりも「自分は苦労しているのにラクをしている人がいること」のほうが、気になって仕方がない。私たちが生きているのはそのような社会であるといえそうです。

●恤救規則

さて、この生活保護法の歴史を遡ってゆくと、一八七四年一二月八日に制定された「恤救規則《じゅっきゅうきそく》」という法令にたどりつきます。明治時代に、現在の生活保護法に類似した役割を果たしていたのはこの恤救規則です。

しかし、恤救規則ができた一八七四年にはまだ憲法は制定されていません。そして、一八八九年に制定された大日本帝国憲法には、現在の日本国憲法第二十五条に相当するような条文はありません。つまり、生活が困難になってしまった人が国家から保護を受ける権利は、アジア・太平洋戦争以前の日本では保障されていなかったのです。

恤救規則の「恤」とは、「あわれみ、めぐむこと」という意味です。つまり、「恤救規則」という名前の意味は、生活困難に陥っている人が、かわいそうなので助けてやるための規則という意味で、相当に上から目線です。一人ひとりが人間らしい生活をおくるための権利をもっているとされ、それを保障するために制定された現在の生活保護法とは、根本的に異なります。

恤救規則は、前文と五つの条文からなるごく短い法令です。前文には、「貧者を救済したり、憐れんで助けたりすることは、本来人びとがおたがい自発的な意志でおこなうものである。しかし、誰にも頼ることができず、放っておくわけにもいかないような者については、この規則に基づいて救済する」という意味のことが書かれています。この前文に、この法令の性格がよく表れています。それは、政府は生活困難者を救うという義務は負っておらず、そのようなことは、人びとがおたがいの助け合いで解決すべきことだ、という考え方が前提となっているということです。

それでは、具体的にはどのような人が救助の対象になったのでしょうか。救助対象は、①障がい者、②七〇歳以上の高齢者、③病気の者、④一三歳以下の児童、の四つのグループに分けられます。そして、この四つのグループすべてに、働くことができずきわめて貧しく、かつ、一人暮らしである場合に一定の米の代金、つまり食費が支給されることが定められています。働いているにもかかわらず貧しいもの、いわゆる「ワーキング・プア」は、まったく対象とされていません。

しかも恤救規則の「一人暮らし」（法文には「独身」と書かれています）というのは、単に実際に一人で暮らしていることではありません。戸籍のうえで「一人」であること、つまり親・兄弟・子どもなどがいないか、戸籍が別になっていることが必要でした。この法令では、働くことができないほど弱り、頼る相手が誰もいない孤独な人だけを救済の対象とすることが原則とされているのです。

このように、恤救規則は、家族や地域が困難に陥っている人を救うことを前提としており、どうしてもしかたのないときだけ国家がお情けで助けてやるという法律です。ここには、「健康で文化的な最低限度の生活」をおくる権利といった発想はまったくありません。

●恤救規則の制定過程

江戸時代には、貧困者の救済は、大名や、幕府の代官・奉行、あるいはそれぞれの地方の富裕な住民を担い手として、各地でまちまちにおこなわれていました。一八七一年の廃藩置県によって、全国の統治が中央政府のもとで統一しておこなわれるようになると、こうしたまちまちの制度でやっていくわけにはいかなくなり、対応が迫られるようになったのです。

貧困者の救済を担当していたのは内務省という官庁でした。一八七三年に設置されたこの省は、現在でいえば総務省や国土交通省、厚生労働省、警察庁をあわせたような、広い範囲の国内行政を管轄《かんかつ》する官庁でした。

設置まもない一八七四年六月、内務省は、政府の最高意思決定機関である太政官《だじょうかん》(現在でいえば内閣に相当します)に、恤救規則制定の提案をおこないます。しかし、内務省の当初の考えは、この規則は内務省の内部の規則にとどめ、一般に知らされるものにはしないというものでした。困窮者の救助について、各地の府県から個別に問い合わせがあった際に、この規則に照らして内務省が判断する、という手続きが考えられていたのです。これには大蔵省(現在の財務省に相当)が異論をとなえ、太政官はこの規則を、各地の府県に明示するという決定を下します。この結果出されたのが恤救規則なのです。

内務省の当初の考えと異なって、規則は秘密にされたわけではありません。しかし、規則の存在が周知されたのはあくまで府県までです。国民一人ひとりに「こうした制度がありますよ」と広報されるようなことはありませんでした。

制定の経緯から推測がつくことですが、内務省の対応はむしろ逆でした。規則制定の翌年、一八七五年七月に、内務省は、恤救規則の適用にはどのような調査が必要か、という規則を別途に制定しています。内務省は、この規則のなかで次のように述べています。「恤救規則の適用対象となる者は、どんな仕事もすることができず、大変貧しくて、誰も頼る者がいない者に限られる。仮に七〇歳以上であったり、障がい者であったりしても、何らかの仕事ができるのであれば対象とはならない。よく実際の状況を調査すること。また、これまで隣近所で面倒を見てきた者については、恤救規則の対象とはならない」。内務省は、当初から、恤救規則という制度の利用をどれだけ制限するかに力を入れていたのです。また、救助を、貧困者の隣近所の住民に押し付けようとしていたこともわかります。

なぜこのような制限が必要となったのでしょうか。内務省によれば、その理由は、この規則が各府県に周知されてしまったことにあります。規則の制定以来、各地方から、恤救規則による救済をもとめる申請が相次ぎ、これらをすべて認めていては、政府の財政がもたなくなってしまうというのが内務省の言い分です。

つまり、当時の政府が、救済を受けるものの資格を厳しく制限したことの、とりあえずの理由は「カネがなかったから」です。

しかし、「カネがない」という言葉が便利な言い訳であるのは、いまも昔もかわりません。なぜ政府にはカネがないのか。あるいは、限られたカネのなかで、ほかの支出より貧困者の救済があとまわしになるのはなぜなのか。もうすこしその背景を考えてみる必要がありそうです。

●窮民救助法案の挫折

一八八九年二月一一日、大日本帝国憲法が制定されました。この憲法には、日本国憲法第二十五条に相当する条文が存在しないことはさきに述べました。

一方、この憲法によって、法律を制定するためには、帝国議会の賛成を得ることが必要になりました。帝国議会は衆議院・貴族院の二つの議院から成り立ちますが、このうち衆議院議員は選挙によってえらばれます。

一八九〇年一一月、最初の帝国議会に、政府は恤救規則にかわる法律の案、「窮民救助法案」を提出しました。つまり、恤救規則の制定から一六年がたち、政府も恤救規則の内容には問題を感じるようになっていたのです。ところが、この法案は、選挙でえらばれた国民の代表であるはずの議員たちによって否決されてしまいます。その経緯から、明治日本で、生活困窮者を助けることへの抵抗がいかに強かったかをみてみたいと思います。

まず提出された法案の内容です。窮民救助法案が対象としていたのは、障がい者、病気、高齢、その他のため、自分の力で生計が立てられず飢え死にしそうなもの、および養育者のいない孤児や捨て子です。これを恤救規則の規定と比べると、窮民救助法案には、「独身」の条件がなくなっていることがわかります。「戸籍上の家族がいても、実際に飢餓《きが》に瀕している人は救済するということを目指していたのです。それでも飢餓に直面するまでは救済しないわけですから、「健康で文化的な最低限度の生活」の保障からはほど遠いのですが、恤救規則の制限を緩和することがねらいだったことは間違いありません。

そして、恤救規則との大きな違いの一つは、市町村に対して救助の責任を負わせたことです。恤救規則では、生活困窮者の救済に公の機関は一切責任を負わず、人びとがお互いに助け合うのが本来の姿とされていました。窮民救助法案では、市町村などの地方自治体には、その地域のなかにいる困窮者を救助する義務がある、とされたのです。

なぜ政府は、このような法案をつくったのでしょうか。帝国議会で、法案の説明に立った内務省の白根専一という役人は次のような説明をしています。恤救規則は救済の条件が厳しいため、実際には、生活に困窮した人は、地域の人びとが自主的におこなう救済に頼ることになります。いわば、チャリティー、慈善に依存することになるわけです。ところが、こうした慈善に頼ることには大きな問題があると白根はいいます。それは地域間で差が生じてしまうということです。たとえば大金持ちがいる地域では、気前よく困窮者が救われるのに対し、そうした金持ちがいないほかの地域では、困窮者がたくさんいても救済が十分におこなわれないといったことがおこるというのです。前者の地域ではそれほど困っていない人でも救済対象となり、後者の地域では本当に困っていても救済が受けられない人が出てくるということになります。そのため、ある程度救済する人の幅を広げ、法律によって、あらかじめ救済の基準を定めておく必要があるというのです。

しかし、こうした政府側の説明は、衆議院議員たちの支持を集めることがほとんどできませんでした。議員たちの多くは、法案は必要ない、と考えたのです。議場での議員たちの発言を整理してみると、法案に反対する理由は大きく三つに分かれます。

第一の理由は、自治体に困窮者を救う「義務」があるならば、困窮者には「権利」があることになってしまう、という議論です。繰り返し述べているように、「健康で文化的な最低限度の生活」が、国民の権利としてみとめられていない当時、救済を受ける権利をみとめることには強い抵抗があったのです。議員たちは、そうした権利をみとめることは理にかなっていないと考えました。なぜなら、困窮に陥ったのは、その当人が、働き、貯蓄をするという努力をおこたった結果だと考えたからです。当人が怠けた結果である貧困を、税金として集めたみんなのお金をつかって解決するのはおかしい、貧困は自己責任であって、社会の責任ではない。むしろ、こうした法律をつくってしまえば、人びとは万一に備えて貯蓄することをしなくなり、怠け者が増えてしまう。議員たちはこのように主張しました。

第二の理由は、問題に対処するのは恤救規則で十分であって、新しい法案は必要ない、というものです。第一の理由で述べたように、貧困が自己責任であったとしても、みんなのお金をつかって困窮者を救済することが必要な場合は存在する、とある議員は主張しています。それは、困窮者が追い詰められて、犯罪に走ったり、暴動をおこしたり、過激な思想をもったりするようになる時だ、というのです。こういう場合には、貧困によって社会の秩序が乱されるので、税金で貧困者を救助することが必要になるが、この議員の考えによると、その当時の日本ではそのような深刻な状況は生じていないといいます。これは、恤救規則で、貧困問題には十分対応できているということを意味しているので、新しい法律は必要ない、というのです。

第三の理由は、そもそも貧しいといえば日本人はみな貧しい、という主張です。仮に自治体のカネをつかって困窮者を救済することになれば、それ以外の人びとがその分の負担を負うことになります。しかし、それ以外の人びとも、それほど生活に余裕があるわけではないのだから、そうした負担を負わせるのは適切とは言えない、という議論です。

窮民救助法案に賛成した数少ない議員の一人に鈴木万次郎という人物がいました。彼は医師でした。鈴木は独自の計算によって、一八八三年から一八八七年までの五年間に、一年平均で約四〇〇〇人が、餓死、自殺など、貧困によって死亡していると主張しました（なお、当時の日本の総人口は約四〇〇〇万人です）。しかし、鈴木の発言は議員の多数の意見を変えることはできませんでした。ある議員は、鈴木の発言に対して「我邦四千万の人口に対して、貧民そのほかが断じて自分は多いとは考えませぬ」とまで述べています。

こうして、政府が提出した窮民救助法案は衆議院で否決されました。この後も、恤救規則に代わる法案は何度も議会に提出されましたが、いずれも成立にいたりませんでした。

結果として、貧弱な内容しかもたない恤救規則は残りつづけます。ようやく一九二九

(昭和四)年、「救護法」が成立して、恤救規則は廃止されます。救護法によって、市町村は生活困窮者を助ける義務を負うことになりますが、財源不足が理由で、救護法はすぐには施行されませんでした。実際に施行されたのは、三年後の一九三二年のことです。

なぜ、衆議院議員たちはこのように貧困に冷たかったのでしょうか。理由の一つとして考えられるのは、当時の衆議院議員選挙は、財産による制限選挙であったということです。最初の選挙で、衆議院議員の選挙権をもっていたのは、直接国税一五円以上を納める二五歳以上の男子に限られていました。この基準を満たす選挙権者は当時の人口の一パーセント強にすぎません。豊かな人たちが選んだ議員たちに、貧しい人の利害は反映されにくい、というのは当然かもしれません。

しかし、私には、それだけでは割り切れないものがあるように感じられます。議員たちが窮民救助法案に反対した理屈は、まとめていえば「貧しいのは努力が足りないから」「餓死に追い込まれるぐらいならその前に自分で貯蓄をしておけ」「つらいのはお前だけじゃないんだ」というものです。この理屈は、この章の最初でみた、現代の日本の生活保護バッシングでも同じではないでしょうか。そして、「日本の財政にはそんな余裕はない」、こんな言い方もまた社会保障費を削減しようとするときに、現代でもつかわれる理屈ではないでしょうか。

問題はもうすこし根深いように思われます。考えてみなくてはならないのは、議員たちに弱者を切り捨てるこうした言葉を吐かせているのは、どのような社会のあり方なのかということでしょう。このあとの二つの章で、そのことについて考えてみたいと思います。

第四章

小さな政府と努力する人びと

——通俗道徳

●カネのない明治政府

これまでの章で、明治の日本は、景気を悪化させてでも財政を立て直して、近代的な経済の仕組みをつくり上げてきたこと、貧富の差のとても大きい社会であったこと、また、困窮した人びとを助けるための政府の施策は限られたものであったこと、衆議院議員たちも、貧困は自己責任だ、という理屈で、そうした政策を変えようとしなかったことをみてきました。

なぜこのような、いってみれば弱者に冷たい社会ができあがってしまったのでしょうか。

恤救規則《じゅっきゅうきそく》がつくられたとき、公的なカネで弱者を救うことができない理由としてあげられていたのが「政府にはカネがない」という理屈でした。ここであらためて、なぜ明治時代の政府にはカネがないのかを考えてみましょう。

明治政府が誕生したのは、慶応三年一二月九日(西暦に直すと一八六八年一月三日にあたります)のことです。この日に何がおきたかといえば、軍事力によるクーデターです。

慶応三年一二月、政治は非常に不安定な状況にありました。江戸幕府の最後の将軍徳川慶喜《よしのぶ》は、一〇月に、政権を天皇に「返還」する、「大政奉還《たいせいほうかん》」をおこないました。いきなり政権を返すといわれても、天皇・朝廷も困ってしまいます。この時期、一応「政権は天皇から将軍に預けられたもの」という建て前は共有されていたのですが、実際には天皇が将軍に政権をゆだねたという歴史上の事実があったわけではなく、徳川将軍家は既成事実として二〇〇年以上日本を統治し続けてきました。当時の天皇・朝廷には全国を支配する組織も、ノウハウも、軍事力も、財源もなかったのです。

徳川慶喜のねらいは、一度天皇に政権を返還する姿勢をしめしたうえで、新たにつくられる政権のなかで、自分がふたたび重要な地位を占めるような流れをつくることにありました。

この慶喜のねらいを打ち砕くために、薩摩藩の大久保利通《おおくぼとしみち》や、公家の岩倉具視《いわくらともみ》が主導しておこしたのが、一二月九日のクーデターなのです。徳川慶喜をなんとしても新政権から排除したい大久保らは、この日の夜、軍事力によって、天皇が住んでいた京都御所の門を封鎖し、慶喜の勢力を御所周辺から追放しました。そして、「王政復古の大号令」という命令を天皇の名で発し、慶喜抜きの新政権を強引に成立させたのです。

こうして成立した新政権には、カネがありません。単に「自分たちは新しい政府だ」と名乗っただけなのだから当然です。やがて、新政府と、旧幕府勢力の一部は軍事衝突をおこし、内戦が勃発します。戊辰《ぼしん》戦争です。この戦争を担ったのは、新政府の直轄《ちょっかつ》軍ではなく、新政府への支持を表明した各藩の軍隊です。各藩の軍隊の費用は各藩もちです。足りない費用は、新政府が大坂の商人から無理やり借りたり、取り上げたりしてまかないました。

一八六九(明治二)年になると、旧幕府勢力の抵抗はすべて抑え込まれ、全国が新政府の統治のもとにはいります。首都は東京に移りました。しかし、この時期にはまだ各地の藩は存在していました。そして、各藩が領民から取り立てる年貢は、各藩の収入になり、政府の収入にはなりません。この点は江戸時代と変わりません。新政府が引き継いだのは、おおよそ旧幕府の直轄地からの収入だけです。

一八七一(明治四)年七月、新政府は廃藩置県を断行します。江戸時代以来の藩を廃止し、全国に府県をおいて、国土のすべてを政府の直轄地としたのです。これによってようやく、全国からの年貢が政府の収入になりました。

ただし、この廃藩置県も、ほとんどクーデターといっていいやり方でおこなわれました。何の予告もないまま、各藩の当主を呼び出し、藩の廃止を電撃的に発表したのです。このことを事前に知っていたのは、政府のなかの、ごく限られた一部の政治家だけでした。大きな賭けだったといっていいでしょう。

●地租改正と減税

江戸時代には、年貢の率や種類、米で納めるかお金で納めるか、といったことは各地でまちまちでした。各藩の自由にまかされていたのです。ところが、全国が新政府の統治のもとにはいった以上そういうわけにもいきません。政府は、税制を統一する必要に迫られました。

そこでおこなわれた改革が、地租改正です。地租改正では、全国の土地が一つ一つ測量され、それぞれの土地の収穫量が見積もられ、それをもとに一つ一つの土地の値段、すなわち地価が決定されました。この地価を基準として地租という新しい税金をとることになりました。これは、一八七三年ごろから一八七八年ごろまでかかった大事業でした。

　当初、地租は地価の三パーセントと定められていました。ところが、一八七七年一月、政府の指導者であった大久保利通の主導で、税率は二・五パーセントに引き下げられます。当時、政府の収入の柱となることが予定されていた地租の率を、いきなり〇・五ポイント下げてしまうというのは、成立まもない明治政府にとっては思い切った減税措置です。

　この減税の背景には、一八七六年の九月から年末にかけてあいついだ士族の反乱、農民の蜂起がありました。九州や山口県でおきた士族の反乱の背景には、新政府が進める改革によって特権をうしない、しかも自分たちは新政府には参加できなかった士族たちの不満がありました。東海地方と茨城県でおきた農民蜂起は、いずれも地租改正で地価を決める際に、基準となる数値が高すぎる、つまり税金が高くなりすぎるという不満をきっかけにおこりました。

　士族の反乱があいついだということは、武力で政府を打ち倒すことができると考えている人がかなりいたということを意味しています。明治政府とは、結局のところ、一八六八年の王政復古と、一八七一年の廃藩置県という二つのクーデターを成功させ、その賭けに勝った人たちが権力を独占している、そんな政府にすぎません。したがって、クーデターで権力から排除されたり、うまく新しい権力に潜り込むことに失敗したりした人たちからは、「なんであいつらが権力をもっているんだ?」という不満が生じます。政府の敵は政府の外にたくさんいました。そして、政府じたい、たかだか一〇年前に、前の政府、つまり江戸幕府を倒してできた、できたての政府にすぎません。反政府勢力を結集すれば、政府は武力で倒せる、そんな思惑をいだく人たちが、大勢いた時代なのです。

そこに、地租改正をめぐる農民反乱がおきたことは、政府の指導者である大久保利通に大きな危機感をいだかせました。政府が崩壊してしまうかもしれないという危機感から、大久保は、地租の減税という思い切った措置に打って出ました。

要するに、クーデターでできたにすぎない明治政府には、人びとにいうことをきかせるための力が、十分にそなわっていなかったのです。政府は、人びとから信頼されていなかったといってもよいでしょう。信頼されていない政府は、高い税金をとることはできません。人びとは、いつつぶれるかわからない政府に、自分の財産の一部を簡単に与えたりはしないからです。

　こうして、地租改正が終わった段階でも、政府は豊かな財源を手にすることはできませんでした。

　一方、政府は人びとから信頼を得るために、実績をあげなければなりません。そこで登場したのが、大隈重信《おおくましげのぶ》による積極的な経済政策だったといえるでしょう。大隈は政府がカネをつかい、西洋の技術を輸入し、新しい産業を興し、国を豊かにすることで、政府の実績をつくろうとしたわけです。しかし、ここまで説明してきたとおり、政府にカネはないのです。結局、積極的な経済政策のために、大隈のもとでは、裏付けのない紙幣が大量に発行されることになりました。大隈は、外国からカネを借りることを提案しますが、外国からカネを借りると、外国の言いなりになり、やがて植民地になってしまうのではないかと危惧する政府内の反対にあい、挫折してしまいます。

　こうしてインフレーションを招いた大隈財政が失敗し、政府の支出を切り詰める松方財政が登場したことは、最初の章で説明したとおりです。

　ここまでの流れをふりかえるとわかることは、明治政府は、クーデターによって成立した、人びとから信頼されていない政権だったので、高い税金をとることができず、政府の財政を通じて、豊かな人から貧しい人へ富を再分配するような力をもちようがなかった、ということです。

事情は、大日本帝国憲法が公布され、議会ができても、あまりかわりませんでした。現在と違い、政府をひきいる内閣総理大臣は、議会でえらばれるのではなく、天皇が任命することになっていました。実際には天皇が直接指名するのではなく、有力な政治家たちの協議で決まっていました。この有力な政治家たちは、まさに、それまでのクーデターや政変をくぐり抜け、この時期まで権力の中枢で生き残ってきた人たちです。長州藩出身の伊藤博文《いとうひろぶみ》や山県有朋《やまがたありとも》、薩摩藩出身の黒田清隆《くろだきよたか》や松方正義《まつかたまさよし》ら、のちに「元老」と呼ばれるようになる政治家たちです。

一方、選挙でえらばれた議員からなる衆議院では、政府に反対する立場の政党が多数をしめました。一八七〇年代から八〇年代にかけて、権力を独占する政府に対して、国会開設をもとめる自由民権運動がおきたことはよく知られています。初期の議会で多数をしめた政党勢力は、この自由民権運動の系譜をひく政党でした。板垣退助《いたがきたいすけ》ひきいる自由党、大隈重信ひきいる立憲改進党です。

この対立関係のなかで、政党側は、予算をできるだけ削減して、政府に減税をおこなわせようとします。「民力休養」、つまりできるだけ国民の負担を軽くすることが彼らのスローガンになります。憲法のもとでは、政府は、予算案を議会に認めてもらわなくてはなりません。しかし、減税をもとめる議員たちによって、予算の額は議会で削減されてしまいます。結果的に、予算の規模はほとんど拡大せず、政府はあいかわらず「カネのない政府」「小さな政府」にとどまりつづけます。前の章でみたように窮民救助法案が、最初の議会で否決されてしまったのには、このような事情があったのでした。

こうした小さな政府のもと、公的な援助が期待できない状況のなかで、人びとがとりうる選択肢は、「ひたすら自分でがんばる」というものだけになってゆきます。

●通俗道徳

ここで「通俗道徳」という歴史学の用語を紹介しておきたいと思います。人が貧困に陥るのは、その人の努力が足りないからだ、という考え方のことを、日本の歴史学界では「通俗道徳」と呼んでいます。この「通俗道徳」が、近代日本の人びとにとって重大な意味をもっていた、という指摘をおこなったのは、二〇一六年に亡くなった安丸良夫《やすまるよしお》さんという歴史学者です。

安丸さんは、勤勉に働くこと、倹約をすること、親孝行をすることといった、ごく普通に人びとが「良いおこない」として考える行為に注目します。これといった深い哲学的根拠に支えられるまでもなく、それらは「良いこと」と考えられています(だからそれは「通俗」道徳と呼ばれます)。

それは確かに良い行為であると、私たちも普通に考えるだろうと思います。そこまでは大した問題ではありません。問題はその先です。勤勉に働けば豊かになる。倹約をして貯蓄をしておけばいざという時に困ることはない。親孝行をすれば家族は円満である……。しかしかならずそうなるという保証はどこにあるでしょうか。勤勉に働いていても病気で仕事ができなくなり貧乏になる、いくら倹約をしても貯蓄をするほどの収入がない。そういう場合はいくらでもあります。実際のところ、個人の人生に偶然はつきものだからです。

ところが、人びとが通俗道徳を信じ切っているところでは、ある人が直面する問題は、すべて当人のせいにされます。ある人が貧乏であるとすれば、それはあの人ががんばって働かなかったからだ、ちゃんと倹約して貯蓄しておかなかったからだ、当人が悪い、となるわけです。

安丸さんは、こうした通俗道徳の考え方がひろまったのは、江戸時代の後半であると言っています。江戸時代の後半に市場経済がひろがり、人びとの生活が不安定になったときに、自分で自分を律するための基準として、こうした思想がひろまったというのです。

通俗道徳をみんなが信じることによって、すべてが当人の努力の問題にされてしまいます。その結果、努力したのに貧困に陥ってしまう人たちに対して、人びとは冷たい視線を向けるようになります。そればかりではありません。道徳的に正しいおこないをしていればかならず成功する、とみんなが信じているならば、反対に、失敗した人は努力をしなかった人である、ということになります。経済的な敗者は、道徳的な敗者にもなってしまい、「ダメ人間」であるという烙印《らくいん》をおされます。さらには、自分自身で「ああ自分はやっぱりダメ人間だったんだなあ」と思い込むことにもなります。

これは支配者にとっては都合のよい思想です。人びとが、自分たちから、自分が直面している困難を他人のせい、支配者のせいにしないで、自分の責任としてかぶってくれる思想だからです。こうした通俗道徳の「わな」に、人びとがはまってしまっていたことを、安丸さんは鋭く指摘したのでした。

●江戸時代から明治時代へ

一方で、江戸時代の人びとは、まだ、完全に通俗道徳のわなにはまり切っていたわけではありません。江戸時代には、現在のように、曜日で休むとか、全国で統一された国民の祝日といったものはありませんでした。農村では、村ごとに休みの日をきめて農作業を休んでいました。ある研究によれば、江戸時代を通じて、農村部における休日は増加傾向にあったことが明らかになっています。最大で年間八〇日休んでいた村もあったといいます。

通俗道徳を生み出した背景は、市場経済化によって人びとの生活が不安定になったということでした。同様に、市場経済化は、楽しみの機会も増やします。美しい衣類を買う、芝居を見る、うまい酒を飲む、そういった機会も増えるのです。だからこそ人びとは通俗道徳を守ることによって規律正しく暮らし、身の破滅から逃れようともしたわけですが、楽しめるものは楽しんでおこうと考える人もいたわけです。その結果、遊びの機会は増え、休日も増えていったと考えられます。

江戸時代の人びとが、通俗道徳一本やりでなくてもなんとかやって行けた理由の一つは、江戸時代の社会が、集団を基本に形づくられていたからです。ある人間が怠けていても、ほかの人がカバーしてくれる仕組みが、集団のなかには埋め込まれていました。これはこれで支配者にとっては都合のよい仕組みで、農村についていえば、最初の章で触れた年貢の村請制《むらうけせい》がこれに当たります。年貢は村単位で納めなければならないので、もし自分の割り当て分の年貢を払えない人が出てきた場合、豊かな人がその人の分を肩代わりしてでも、決まった額を納めなくてはなりません。豊かな人がみな貧しい人にやさしかったというわけではなく、そういう仕組みになっているから、という理由で、貧しい人を助けなくてはならなかったのです。そうすると、豊かな人のなかには不満もたまってきます。自分は努力して財産を築いたのに、怠けているやつを助けてやらなくてはいけないのはなぜか、というわけです。明治時代のごく初期、まだ村請制がのこっていた一八六九年のある書類のなかには、豊かな人が貧しい人を助けているのは、同情したりしているわけではなく、「ただ窮民の徒党を恐れ、上の仰せゆえ致し方なし」、つまり、貧しい人たちが集団で圧力をかけてくるのと、支配者がやれというのとでしかたなくやっているのだ、ということが書かれています。

人びとが、通俗道徳一本やりで、完全にわなにはまり切ってしまうのは、明治時代に入ってからです。第一章でみたように、地租改正によって村請制は廃止され、人びとを無理やり助け合わせる仕組みは消滅しました。いやいやながら豊かな人が貧しい人を助ける必要はもうなくなったのです。

そして政府は、といえばこれまでのべてきたようにカネがありません。何らかの理由で貧困におちいった人を助けるのに割く予算はないのです。こうして、人びとが貧困から逃れるためには、通俗道徳にしたがって、必死で働くことが唯一の選択肢となりました。

くり返しますが、通俗道徳を守って生きていればかならず成功するわけではありません。しかし、このように助け合いの仕組みも政府の援助も期待できない社会では、成功した人はたいていが通俗道徳の実践者です。こうした状況のなかでは通俗道徳のわなから逃れることはとても難しいことです。実際に、がんばって働き、倹約し貯蓄して、成功した実例が身近に珍しくないからです。

こうして、明治時代の前半の小さな政府のもとで、人びとは通俗道徳の実践へと駆り立てられてゆき、その結果、貧困層や弱者に「怠け者」の烙印をおす社会ができあがっていったのです。

第五章

競争する人びと
——立身出世

●日清戦争

日本の中央政府の財政規模が、一気に拡大するきっかけとなったのは、一八九四年から九五年にかけて、日本と中国とのあいだに日清戦争がおこり、日本が勝利したことです。日本は、これによって、植民地として台湾を領有することになりました。そして、重要なことは、約三億円にあたる賠償金が、中国から日本政府に支払われたことです。日本政府の財政にしてみれば「ボーナス」のような収入がもたらされたわけです。日清戦争以前、日本の中央政府の財政規模は毎年八〇〇〇万円前後を推移していましたが、戦後は一気に二億円をこえます。

ところが、ボーナス的に収入があったからといって、それが人びとの生活のためにつかわれたわけではありません。日本政府が最優先したのは、新しい軍艦の建造など、軍備の増強でした。日清戦争の結果、日本は東アジアでの軍事的な存在感を増しました。それは欧米諸国の警戒を招きました。日中のあいだの条約では、中国の遼東《りょうとう》半島が日本の領土となる予定でしたが、フランス、ドイツ、ロシアが日本政府に圧力をかけて、遼東半島を中国に返還させました。いわゆる「三国干渉」です。このように、日本に対する警戒感が高まるなかで、日本政府は、次の戦争に備えて軍備を増強することを最優先にしたのです。

その次にくるのは、軍事力をささえる産業や交通・通信網の整備です。日清戦争の賠償金で官営八幡製鉄所が建設されたことはよく知られています。また、鉄道網や電話網の整備も進められました。

結局、日本は、賠償金を手に入れたものの、戦争に勝利したことによって新しい国際環境に直面することになりました。それに対応するためには、賠償金の額を上回る出費が必要になってしまったのでした。結局政府のカネは足りなくなりました。

●地租の増税と地方利益誘導の政治

ついに一八九九年、長年の懸案であった地租の増税がおこなわれます。税率が地価の二・五パーセントから三・三パーセントに引き上げられたのです。

増税には衆議院の賛成が必要でした。この増税は、当時の首相であった山県有朋《やまがたありとも》と、衆議院の多数をしめていた憲政党（かっての自由党の後身）の取引の結果でした。憲政党は、地租の増税を認める引き換えに、党所属の議員の支持基盤である地方に、治水事業や、鉄道、道路、港湾の建設や改修をおこなうこと、学校を設立することを政府に認めさせます。

積極的にカネをつかって、強い軍隊、それをささえる強い産業、ひとことでいえば「強い国」をつくりたい政府と、自分たちの支持基盤に、鉄道や道路を誘致したい議員たちの思惑が一致した結果、増税という選択が可能になったのです。

ようやく政府と議会のあいだで合意された増税でしたが、ここでよく考えなければならないのは、議員たちがもとめたそのつかい道は、決して貧困層を助けるといったものではなかったことです。各地方に鉄道や道路や学校を建設することが政党の要求だったのです。このように、政府から社会資本の整備を引き出し、それを「手土産」のようにして有権者から支持をえる政治手法のことを「地方利益誘導」と呼びます。

なぜ、増えた税金を、貧困者を助けるためにつかうという流れができなかったのか。第三章の、窮民救助法案否決の部分でのべたのとおなじ理由をここでもあげることができます。この時期の衆議院議員選挙でも、選挙権には、依然として財産による制限があり、また女性に選挙権はありませんでした。貧困者に選挙権がない以上、貧困対策は、政党の支持拡大の手段にはなりません。それにひきかえ、交通網が整備されたり、学校が増設されたりすることは、富裕層には有利です。交通網整備によって、地方と都市のあいだの物流の便がよくなれば、地方の製造業者や地主には、製品や農産物を都市で販売するうえでメリットがあります。また、学校ができて学生が集まれば、それだけのお金がその地方に落ちることにもなります。家や土地をもつ人、商店主などには利益になります。そうした利益を地方にもたらしてくれる政党や議員を、有権者は支持することになるわけです。

しかし、そもそもなぜ貧困者には選挙権がなかったのでしょうか。答えは簡単ではありません。当時、財産による制限選挙がおこなわれていたのは、日本だけではなく、ヨーロッパ諸国でもそうでした。また、女性に選挙権がなかったのも日本だけではありません。だから、明治時代の日本社会の仕組みだけからこのことを説明するのは難しく、一九世紀の世界の仕組み全体を考えてみる必要があります。この本ではそこまで説明することはできません。

ただ、前の章でのべた明治時代の日本社会の特徴、「通俗道徳」のことを思い出してみましょう。「通俗道徳」とは、よく働き、倹約して、貯蓄さえすれば、人間はかならず一定の成功を収めることができる、という信念のことでした。このような信念のもとでは、裏を返せば、経済的に失敗し、貧困におちいっている人は、努力をおこたった「ダメ人間」ということになります。こういう信念が強くいきわたっているところでは、「ダメ人間」である貧困者に選挙権を与えないことに、強い反感はうまれないでしょう(フランスでも、一九世紀の中ごろ、普通選挙をもとめるデモに対して、ギゾーという政治家が「金持ちになりたまえ！」といったという話があります)。

そして、このような、貧困者を「ダメ人間」視するところでは、政府や地方自治体のような公的な機関が、税金を貧困者のためにつかうことには強い抵抗があります。一部の「ダメ人間」のために、「みんな」のお金をつかうことはできない、という理屈です。

●貧民救助論争

すこし時期を遡りますが、一八八一年、東京府の予算をめぐって、一つの論争がありました。それは、東京府会(このころすでに、地方では議会がつくられていました)が、貧困者を助けるための予算を削減しようとしたことについて、賛否それぞれの論者が新聞に論説を掲載して論争したものです。「貧民救助論争」と呼ばれています。

貧困者は救助すべき、という立場に立ったのが、末広重恭《すえひろしげやす》という当時有名であったジャーナリストでした。彼は「貧民救助論」という論説を、彼が活動の拠点にしていた『朝野《ちょうや》新聞』という新聞に掲載します。

末広の主張はつぎのようなものです。貧困者を救助するのは社会の義務である。そして、社会を代表するものは誰かといえば政府である。したがって、政府には貧困者を救助する義務がある。

そして末広はあらかじめ、つぎのような反論を予想します。政府があつかうのは、社会のメンバー全員にとって共通の課題、みんなの利益になる課題だけである。一方、社会のメンバー全員が貧困者なわけではなく、貧困者は社会の一部にすぎない。だから、貧困対策は政府の責任ではない、という反論です。

末広によれば、こうした考え方は間違いです。たとえば、裁判所のことを考えてみるとよい。社会のメンバー全員が裁判所をつかうわけではない。裁判所にかかわりがあるのは、トラブルを抱えた人や罪を犯した人など、社会の一部の人間にすぎない。しかし、政府は、裁判所は社会全体の利益になるものとして、その費用を負担しているではないか。同様に、貧困対策も、社会の一部の人を対象としているからといって、政府の仕事でないということはできない、というのです。

これに対して、『東京横浜毎日新聞』という別の新聞に、肥塚竜《こいづかりゅう》という、これも当時著名なジャーナリストが、その名も「非貧民救助論」という反論を掲載します。

肥塚の反論はこうです。末広が裁判所を例に持ち出してくるのは間違っている。裁判所を実際につかう人は確かに国民の一部かもしれない。しかし、すべての国民は、なにかあったときに裁判に訴える権利はもっている。一方、貧困対策を政府の義務であると考えるならば、救助を受ける権利をもっているのは一部の貧困者だけで、全国民が救助を受ける権利をもっているわけではない、というのです。

ここで、私が興味深く思う点が一つあります。それは、「誰もがトラブルに巻き込まれて裁判所を利用することになるかもしれないので、裁判所の設置はみんなの利益になる」というならば、「誰もが貧困におちいる可能性があるのだから、貧困対策はみんなの利益になる」ということも同様にいえそうなのに、肥塚はそのことを考えていないようだ、という点です。その理由を推測するならば、第一に、現実問題として、当時の社会では貧富の格差がはっきりと固定されていたということがあるでしょう。第二に、こちらのほうがより根本的だとおもいますが、「まともに努力していれば貧困にはおちいらない」という信念が、肥塚のなかに強くあったのではないでしょうか。

この前年、一八八〇年の東京府会では、「施療券《せりょうけん》」というものを存続させるか、廃止するかが議論になっていました。当時は、現在のような公的な健康保険制度は存在せず、医者にかかれば全額が自己負担だったので、貧困者は医療を受けることが難しかったのです。そうした状況への対策としてつくられたのがこの施療券制度でした。これは、貧困者向けの医療クーポンのようなもので、貧困者で病気にかかったものが申請して、施療券を受け取ると、指定された病院で無料の治療が受けられるという制度でした。

沼間守一《ぬまもりかず》という府会議員は、「施療券をもらって入院をもとめる貧困な患者をみると、自己管理ができていなくて、体を大切にしなかった結果のようなものもいる」という理由で、この制度を批判しています。沼間は、肥塚が反論を執筆した『東京横浜毎日新聞』の主宰者で、肥塚の同志ともいうべき人物でした。彼らは病気さえも自己責任と考えていたのです。

結果からみれば、勝ったのは「非貧民救助論」のほうでした。一八八一年の東京府会では、貧困対策の費用は削減され、施療券制度も廃止されてしまいます。「貧困者はダメ人間」という信念には、根深いものがあったのです。

●逃れられない「わな」

ここまでの話をまとめればこうなります。日清戦争に勝利したことによって、日本政府には賠償金がころがりこんできました。しかし同時に、日本の国際的な存在感が増したことで、かえって日本政府は軍備増強の必要を感じるようになり、政府のカネはすぐに足りなくなります。増税が必要になった政府は、政党と取引をして、増税をみとめさせるかわりに、政党の支持基盤に、支持者が喜ぶような社会資本整備をおこなってやるようになります。このようないきさつで、日清戦争以降、日本は「小さな政府」の時代から、「大きな政府」の時代へとうつってゆくのです。しかし、政府が大きくなっても、貧困対策には一向にカネは回りませんでした。カネは、道路、鉄道、学校といった「みんながつかうもの」と考えられた目的につかわれ、貧困対策のような「一部の人たちだけが得をする」と考えられたものにはつかわれなかったのです。

日清戦争以前の「小さな政府」の時代に、人びとは、自分で努力する以外に生き延びる道のない、「通俗道徳のわな」に、はまってゆきました。このわなに一度はまってしまうと、そこから抜け出すのはとても難しいのです。「実際に成功している人は努力した人」という現実がそこにある以上、成功した人たちは、自分の地位を正当化するために、このわなにむしろしがみつこうとします。自分が成功したのは、たまたま運がよかったとか、親が金持ちだったとか、そういうことではなく、自分が努力した結果なのである、と。自分の富、自分の地位は道徳的に正しいおこないの結果なのである、と。努力したのに成功しなかった人たち、いくら努力しても、貯蓄の余裕もなく、生活が改善する見込みもなかった人たちのことは忘れ去られてゆきます。

成功した人物の言い分として、「はじめに」でも紹介した大倉喜八郎《おおくらきはちろう》にもう一度登場してもらいましょう。大倉は一八三七年生まれ、現在の新潟県の出身です。裕福な商人の三男でしたが、江戸に出て、鰹節《かつおぶし》屋の見習い店員となり、独立して食料品店を経営しました。幕末に国内外の軍事的緊張が高まると、武器商人に転身して、幕府、大名、新政府に武器を売って大儲けをします。その後は、軍の御用商人となり、日清・日露戦争でも軍隊への物資供給を一手に引き受けて、巨額の利益をあげました。たしかに経済的成功を手に入れた人物にはちがいないでしょう。

その大倉喜八郎は、七〇歳をすぎた一九一一年、その名も『致富の鍵』、つまり財産をつくるためのカギ、というタイトルの回顧談を出版しています。このなかで大倉は、貧困者を助けることを強く批判しています。「人間は働きさえすれば食うだけのものはチャンと与えられるように出来ている」というのです。「富まざるは働かないためである。貧苦に苦しむは遊惰の民である」とも述べています。豊かでないのは働いていないからだ、貧困に苦しんでいるのは怠け者だからだ、ということです。そして、貯蓄の心がけと、自分を律する心さえもっていれば、「必ず貯金が出来る」と述べます。

しかし人は病気にかかって貧困におちいることもあるのではないでしょうか。これに対し大倉は、自分が健康であることを誇り、つぎのように言います。「私は病気には決して敗けぬのである。必ず打ち勝つという覚悟を有《も》っているのである」。自分が病気にかからないのは、病気にはまけないという精神力があるからだというのです。要は病気なんて気合いでなんとかなるという根性論なのです(どうでもよいことですが、私は年中かぜをひいたり寝込んだりするので、この一節を読んだときにはうんざりしました)。

ここから導き出される結論は、もちろん、つぎのようなものです。「慈善は悪事である」。このように大倉は断言するのです。怠け者を助けてやっても、ますますつけあがって怠けるだけである、と。

こうした成功者たちが動かす社会では、政府がつかうカネが増えたからといって、それが貧困対策につかわれることはありません。成功者たちからみれば、貧困者は怠け者の

「ダメ人間」です。一部の「ダメ人間」のために、みんなが稼いで、みんなが払った税金をつかう必要があるか。これが成功者たちの言い分になってきます。それでは、「みんなのもの」とは何かといえば、道路、鉄道、学校といった、建て前としては「みんながつかうもの」ということになります。それは、実際には、貧困者の生活の改善に役にたつものではなく、むしろお金持ちの成功者にとって利益となる公共事業にすぎなかったのです。

●立身出世の時代

しかし、大倉喜八郎は、本当に努力だけで成功したのでしょうか。そもそも大倉はかなり裕福な商人の家に生まれ、子どものころから当時としては高水準の教育をうけていました。江戸に出てきてから一人で努力したことは事実でしょうが、都市下層社会からはい上がったというわけではありません。

さらに、彼が財産をなしたのは、軍隊相手の商売です。政治家や軍人と癒着《ゆちゃく》し、政府や軍隊の仕事を請け負うことができたからこそ、彼は大金持ちになったのです。コネをつくってそれを生かすのも、努力といえば努力という考え方もあるかもしれません。そうだとすれば、彼の努力は、「金持ちになるためには手段をえらばない努力」であったということになるでしょう。

「成功したものは正しく努力したものであり、失敗したものは努力をしなかったダメ人間である」という信念がいきわたると、このように「ダメ人間にならないためには、どんな手段をつかってでも成功する」という行動をとる人があらわれてきます。一見するとまっとうな、「成功するためには努力しなければならない」という通俗道徳の教えは、「どんな手段をつかっても、他人を蹴落としてでも成功しなければならない」という、過酷な競争社会を生み出してしまうのです。

明治社会のキーワードの一つに「立身出世」があります。江戸時代のように、どの家に生まれるかによって将来がほぼ固定されていた時代とちがって、形式的には、すべての人間が義務教育を受けることになり、さらには男子に限るならば、中学校、高等学校、大学といった上級学校への進学の道が開かれました。自分が生まれた家がたとえ貧しくとも、上級の学校を出て、国の公務員や、大企業のエリートになる、そうした可能性が皆無ではなかったのです。このように、自分が生まれた社会的地位よりも高い地位に到達すること、これが「立身出世」です。

とはいえ、上級学校への進学の道は、ごく限られたものでした。現在とことなり、義務教育を終えたあとの進学ルートは細分化されていました(図2)。そのなかで、立身出世ルートの頂点に到達するための、高等学校から大学へという道は、細い一本の道にすぎませんでした。しかも、大正時代になって、一九一八年に「大学令」が公布されるまで、私立の大学は設置がみとめられていませんでした。大学といえば、東京帝国大学、京都帝国大学など、国立の「帝国大学」に限られていたのです。

受験競争は熾烈《しれつ》を極めるようになります。中学校(当時は五年制で、標準で一六歳で卒業します)の進路をみると、一八九三年には高等学校入学者が約三五パーセントでしたが、一〇年後の一九〇三年には約一〇パーセントにまで下がります。この年の中学校卒業生の進路のなかには「未詳・未定」が約三一パーセントいますが、そのなかには相当数の浪人生が含まれていたと予想されます。

そのうえ、学校に通うには学費がかかります。学校の数も限られているので、農村の若

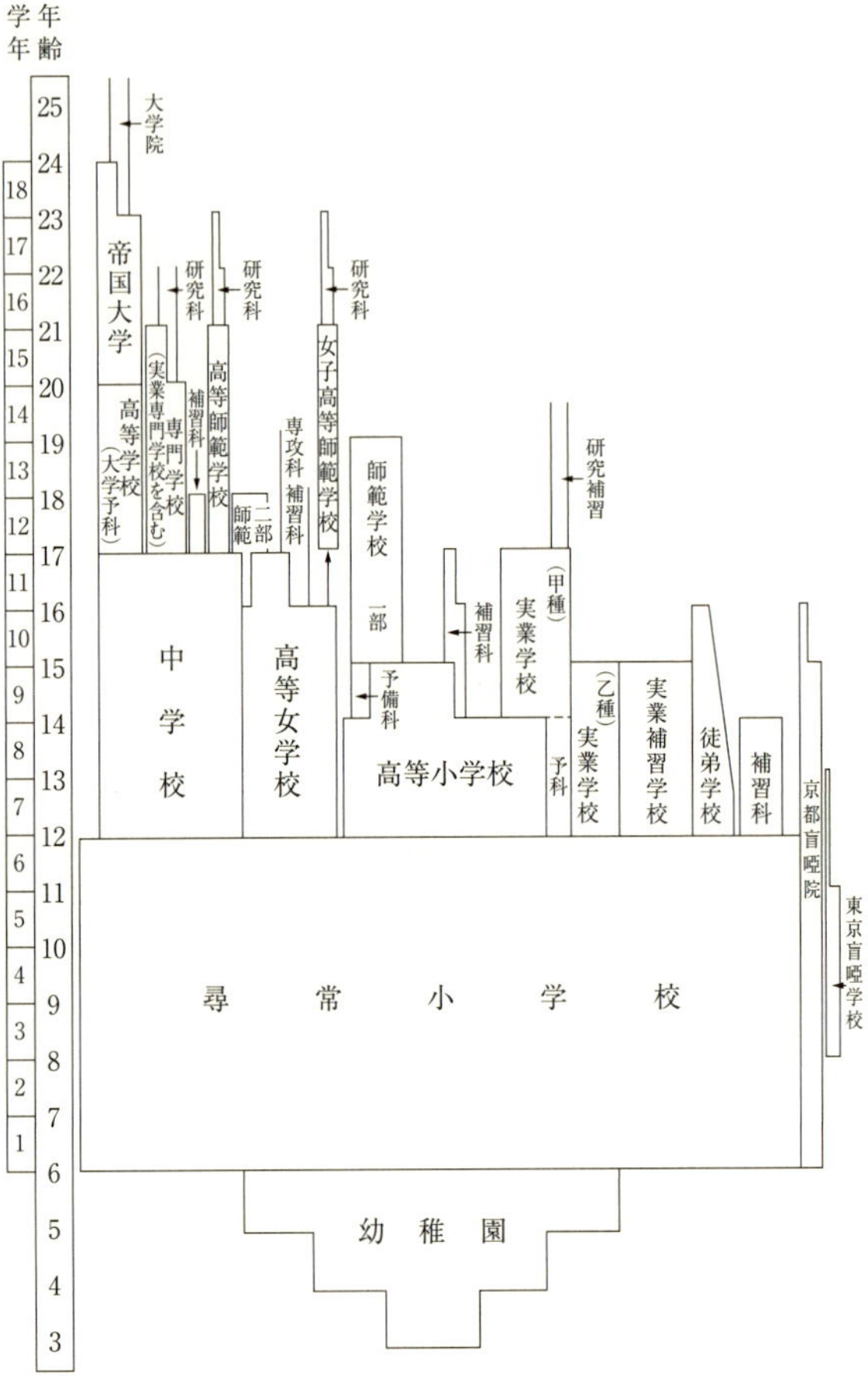

図2　1908年の学校系統図（文部省『学制百年史　資料編』）

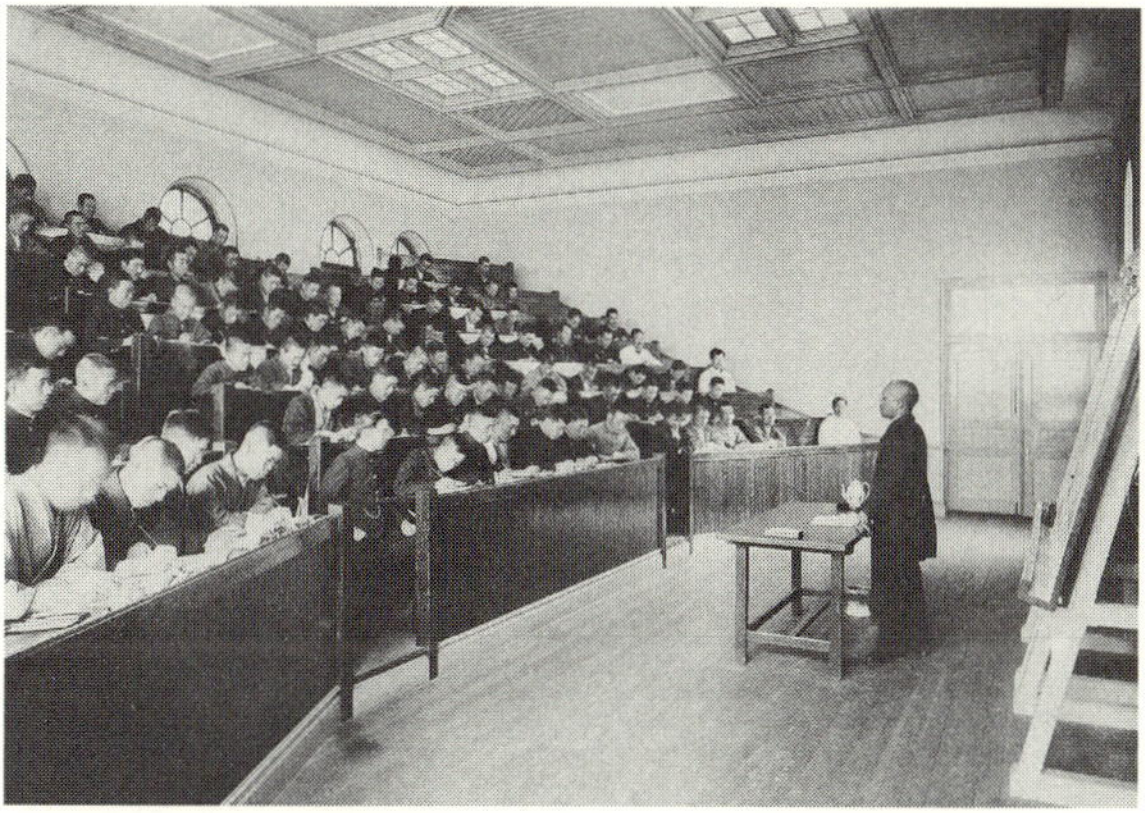

「東京帝国大学の講義風景(1904年ごろ)」(小川一真編『東京帝国大学』小川写真製版所，1904年より．国立国会図書館所蔵)

者は実家をでて、都市で下宿暮らしをする費用もかかります。十分な経済的裏付けをもって受験にのぞむことができる若者は一握りです。それでも、立身出世を夢みる若者たちは、働きながら受験にのぞもうと都市にでてきます。こういう若者たちのことを、当時「苦学生」と呼びました。こうした夢みる若者を対象とした雑誌も創刊され、立身出世熱をあおります。一九〇二年に刊行された、その名も『成功』という雑誌はその代表的なものです。有名人のサクセス・ストーリーや、立身出世のノウハウなどを掲載していました。

しかし現実は厳しいものです。何のコネも貯金もなく都市にやってきた若者は、新聞配達や人力車夫《しゃふ》として働きながら受験をめざします。昼間働き、夜勉強しようとしても疲れ切って勉強する力が残っていない。夜働き、昼間勉強しようとしても眠くて勉強にならない。低賃金でいくら働いても学資は貯蓄できない。結局、こうした若者たちが希望する学校に進学できる可能性は極めて低いものでした。さらには、仕事をしながら勉強ができるという看板を掲げ、苦学生を集めて賃金をピンハネし、実際には勉強の機会を与えず、学校の紹介などまったくおこなわないという詐欺《さぎ》業者までが横行しました。成功しなかった苦学生の行き着く先は、第二章でみたような都市下層社会でした。

前の章とこの章では、弱者に冷たい明治社会が、どのようにできあがってきたのかをみてきました。ひとことで言えば、それは、混乱のなかで生まれた明治社会で、人びとが「通俗道徳のわな」にはまっていったことが原因だったといえます。

一〇〇年以上前の明治時代を、簡単に現在と比較することはできません。しかし、私たちの周りをみわたしてみるならば、これと似ていることが多いことは事実です。たとえば、「努力すればなんでもできる」という偉い人。そんな人は現代社会にも確かにいます。書店に行けば、起業して富を築いたベンチャー企業経営者が書いたビジネス書が山積みです。

『成功する人はなぜ○○しているのか』といったタイトルの本が書店のビジネス書コーナーにはちらほらみかけられます。そのようなタイトルをみると、「○○している人はみんな成功しているのか？」と突っ込みを入れたくなりませんか。もしならないなら、自分も何かのわなにはまっているのではないかと自問してみたほうがいいと思います。

明治時代と現在は似ているのかどうか。その点は、最後にもう一度考えてみることにしたいと思います。ここまででははっきりしていることは、明治時代の社会で生きていくには、かなり無理をしないといけなかったということです。そして、社会全体でみるならば、その無理はどこかにしわ寄せされてきます。一つのしわ寄せ先は、弱い立場に置かれていた女性たちでした。次の章では、明治の女性について考えてみたいと思います。

第六章

「家」に働かされる

——娼妓・女工・農家の女性

●売買される女性・非正規雇用の女性

人間が商品として売られる。いわゆる「奴隷《どれい》」です。人間を商品として取引すること、つまり人身売買・人身取引は、現在の日本では禁止されています。しかし、アメリカ国務省が二〇一七年六月に発表した「人身取引報告書」では、日本ではいまだに人身取引の法整備が十分ではないと指摘されています。

フィリピンやタイなどの外国人女性が、日本への渡航費用といった名目で多額の借金を負わされ、性的サービスの提供に従事させられる事例や、日本人の女性が、寮の費用と称して根拠のない借金を背負わされ、その返済のために働かされる、そういった事件が実際におきているという現実が、今の日本にはあります(『朝日新聞』二〇一七年一〇月二九日)。

まるでモノのように取引される人間。しかし、いまここで述べた取引対象にされた人間が、いずれも女性であることに目を向けなければなりません。もちろん現代日本で男性が人身取引の対象とされることもありますが、問題になることが多いのは女性である人間の取引、とりわけ売春などの性産業に従事させるために、人間をお金で買い、その自由を拘束することです。このことが示すのは、現代日本社会において、女性は男性に比べて、売買の対象ともされかねないような弱い位置におかれやすい状況にあるということです。

歴史を通じて(いつからなのかについては議論の分かれるところですが)、男性は社会の表舞台に立ち続け、女性は、後世の歴史家からは見えにくい位置におかれつづけてきました。これは日本に限ったことではなく、また過去に限ったことでもありません。現代の世界は、全体として、これまでの歴史上の社会の大部分と同様、男性に有利な社会です。

そのなかで、現代日本での女性の地位は、世界の他の国に比して高いとはいえません。世界各国の男女平等の度合いをしめした、世界経済フォーラムの二〇一六年版「ジェンダー・ギャップ指数」では、日本の順位は調査対象一四四カ国のうち一一一位です。しかも順位はむしろ下がり気味です(『日本経済新聞』二〇一六年一〇月二六日)。

正社員ではない、いわゆる「非正規雇用」の割合が、男性より女性の方が高いこともよく知られています。二〇一五年のデータで、正規の職員・従業員は、働いている男性全体の七七・九パーセントですが、女性は四三・〇パーセントにすぎません。

●公娼制度

さきほどもふれたように、女性が売り買いされるモノとしてあつかわれる、もっとも端的な場面は、男性が女性の性的サービスを金銭で買う、売春の場面です。明治時代の日本では、こうした売買は、行政による規制をうけながらも、公認された商売として成り立っていました。これを「公娼《こうしょう》制度」と呼びます。「売春防止法」が施行され、売春が非合法化されるのは、アジア・太平洋戦争後の一九五八年のことです。

公認の売春は、江戸時代にも存在していました。しかし、江戸時代と明治時代を比べてみると、制度的に、「誰が」「何を」売るのか、という点で一定の違いがみられます。

江戸時代には、幕府や藩によって公認された一定の区画が「遊廓《ゆうかく》」と定められ、そこに集められた「遊女屋」が売春業を営んでいました。それ以外に、幕府や藩の許可なく非合法に売春をおこなっているものは「隠売女《かくしばいじょ》」と呼ばれていました。

幕府のおひざ元、江戸には数か所の公認遊廓がありましたが、その中心は「新吉原」、通称「吉原」です。吉原遊廓は堀で外部から遮断され、その空間のなかに遊女屋が密集していました。

実際に性的サービスの提供をおこなう女性は「遊女」と呼ばれていましたが、江戸時代の遊廓で、遊女は、まさにモノ扱いされています。吉原遊廓で商売を営んでいるのはあくまで遊女屋であって、一人ひとりの遊女ではありません。遊女屋は、商売道具として遊女を所有し、遊女屋を訪れる男性に遊女を提供するのです。そして、遊女となる女性は、売り手(親ないし養父など、親権をもつもの)から、文字通り売られて遊女になります。

このような女性の境遇はまちがいなく悲惨なものです。江戸時代の吉原では火災が頻発しますが、これは火災をおこして逃げ出そうという遊女の放火によるものが多かったといわれています。放火犯として捕まった遊女たちが、いかに遊女屋が彼女たちを悲惨な目にあわせていたかを訴えた史料も残されています。

●芸娼妓解放令

こうした江戸時代の遊廓制度は、一八七二(明治五)年に廃止されます。明治政府は、外国からの目を気にしていたこともあって、この年の一〇月二日に、通称「芸娼妓《げいしょうぎ》解放令」と呼ばれる法律を出します。その内容は、①いかなる名目にせよ、一切の人身売買を禁止する、②人身売買の結果、娼妓・芸妓(遊女や芸者)になっていたものは、すべて解放する。たとえ借金の結果遊女や芸者になっていたものがあり、その借金を返し終わっていなかったとしても、その借金はすべてなかったことにする、というものです。この法文だけをみれば、なかなか思い切った、遊廓制度の解体であるといえます。

そしてこの法令はそれなりに実行にうつされます。遊女たちは遊廓から、いったん解放されるのです。

ところが、解放された遊女たちは、完全に自由になり「どこへ行ってもよいよ」と言われたわけではありません。元遊女たちは、行政機関の手によって、売られる以前に暮らしていた「家」に戻されることになっていました。生家である場合もあれば、養家である場合もありますが、そのなかには、当然、その女性たちを売った本人があるじである「家」も含まれます。そんなところには帰りたくないという場合も少なくなかったとおもわれますが、とにかく本来所属すべき「家」に戻す、というのが、「芸娼妓解放令」に基づく「解放」の内容でした。

ここからみえてくるのは、明治時代の女性は、仮に、人身売買によって遊女となるという奴隷状態から解放されたとしても、ただちに一人の個人として自由になるわけではなく、「家」に所属し、従属していたということです。そして、その「家」は、男性(女性からみれば親である場合も兄弟である場合もあるでしょう)が、「家」のあるじとして支配している「家」なのです。

●「自由意志」という建て前

また、芸娼妓解放令は、売春の禁止そのものではありません。人身売買を伴わない、自由意志による売春は禁止されませんでした。

では、自由意志による売春とはなんでしょうか。江戸時代の遊廓で、遊女屋がモノとして女性を所有していたのと、実はあまり変わらない状態が、この「自由意志」の建て前のもとで続いてしまうことになるのです。

というのはこういうことです。たしかに、芸娼妓解放令によって、モノとして、女性そのものを売買することはできなくなりました。そこで、遊女屋にかわって「貸座敷業」という新たな業態が出現します。「貸座敷」の経営者は、女性の親権者(女性が「家」に従属していたことを思い出してください)や、女性本人にお金を貸し付けます。これを「前借金」といいます。そして、経営者が所有する「貸座敷」という店舗で、女性が売春をおこない、その売上金から前借金を返済する、という契約を結ばせます。そうすると、女性本人が売買されるわけではなく、借金を返済するための契約の結果、女性が自分の意思で自分の身体を売っている、という建て前ができるわけです。実際は、多額の前借金にしばられ、女性(娼妓)が、長い期間貸座敷に拘束されることは容易に想像がつきます。

「芸娼妓解放令」の公布と、その結果としての貸座敷業の成立は、「自由」や「解放」というものには二面性があることを示しています。芸娼妓解放令によって、たしかに女性をモノとしてあつかうことは公式に禁止されました。しかし、一方で、実質的には多額の借金を負わされ、人身売買といってもいいようなあり方で働かされながら、それは当人が、当人の責任で選んだこと、自己責任である、とされてしまうのです。

近世・近代の遊廓について研究をした横山百合子さんという研究者は、非合法の売春婦をさす「隠売女」という言葉が、江戸時代と明治時代とでは読み方が違う、という指摘をしています。江戸時代には、この単語は「かくしばいじょ」と読まれていました。「かくし」ている主語は、遊女屋のような業者です。業者が、モノとしての女性を、当局の目から「かくし」て売春させている、ということになるわけです。ところが、明治時代になると、この単語は「いんばいおんな」と読まれるようになるというのです。こう読むと、「隠れて売春をしている女」という意味になります。女性が自ら「隠れる」という側面が強くなってくるのです。

モノとしてあつかわれる江戸時代の遊女の境遇も、前借金にしばられる明治時代の娼妓の境遇も、悲惨であることにかわりはありません。そして、いずれも男性の業者(遊女屋ないし貸座敷経営者)が女性をつかって利益を上げているという構図は同じです。しかし、明治時代の場合、それは自分が選んでやっていることという建て前があるため、その女性は、ほかに生計の手段がなく、やむなく娼妓になったとしても(そういうケースが大部分であることは当然です)世間から冷たい目でみられることになります。

ここにも「通俗道徳のわな」が姿をみせていることは、もうみなさんにはおわかりでしょう。

●「家」とは何か

さて、ここまで、娼妓について、それが「家」に従属していたため、「家」のために人身売買同様の形で働かされるということをのべてきました。すこし立ち止まって、この「家」ということについて説明しておきたいと思います。ここでいう「家」は現在の私たちが考える「家族」とはすこし違います。

江戸時代以降、農民、町人、職人のあいだで共通に広まった「家」という制度は、生産や販売の組織でもあり、消費組織でもあるような、人びとのつながり方です。たとえば、現在では少なくなったとはいえ、町の八百屋さんのようなものを想像するとわかりやすいです。八百屋さんの経営者である夫は、仕入れや店頭での販売を担当しますが、その妻も店に立ち、在庫管理をしたりすることはよくあります。そして、八百屋さんの建物は家族の住居でもあり、子どももその建物に居住しています。店舗での販売収益がそのまま家族の収入で、それによって家族は暮らします。

これに対して、現代でいえばサラリーマンの場合は様相がことなります。夫がサラリーマンの場合、夫は毎日家を出て、家とは別の場所に働きにゆきます。共働きの場合には、夫も妻も働きにゆくことはいうまでもありません。妻が専業主婦の場合には、妻は家で、育児・料理・掃除・洗濯などの「家事」をになうことになります。家と職場は、場所としても、組織としても、離れています。そして、家族は、食べ物やら家具やら生活に必要なものを買う単位ではあっても、モノをつくったり、売ったりする組織ではありません。仕事と家族は切り離されているのです。

明治時代の日本社会では、サラリーマンや、工場に雇われている工場労働者の比率はまだそれほど高くありませんでした。一八九〇年についての推定によれば、働いている人の七割弱が農業に従事していましたが、農業の大部分をになっていたのは農家という「家」組織です。そこでは、夫も妻も、その前の世代の舅《しゅうと》・姑《しゅうとめ》、さらには子どもたちも、生産と消費をともにおこなう組織の一員として、「家」のために、何か役に立つ仕事をすることを求められます。

これまでの章で、明治社会は、人びとが競争させられる社会であることを述べてきました。この競争は、個人のあいだの競争に限った話ではありません。「家」が経済活動の単位であるならば、「家」どうしの競争もおきてきます。それぞれの「家」が生き延びるために必死に稼がなくてはならなくなるのです。それは、ちょうど、現在では会社が経済活動の単位となっているので、会社どうしの競争が激しいのと同じことです。一方、第二章でみたような貧民窟《ひんみんくつ》の住民たちは、そうした「家」を失い、そこからあふれて都市にやってきてしまった人たちということができます。

「家」は年齢と性別がことなる複数の人間から成り立っています。競争が激しくなってくると、そのメンバーのなかで、ぶらぶら遊んでいる人間がいることが許されなくなってきます。「家」は、その家のなかにいる人間を、できるだけ働かせようとするようになるのです。

●「家」のために働く女性

日本の近代史のなかで、女性が働く場合の典型的な事例としてとりあげられることが多いのは、繊維産業の女性労働者、いわゆる「女工」です。特に、生糸をつくる製糸業では、若い女性が過酷な条件で働いていたことはよく知られているでしょう。労働時間は長く、提供される食事は貧しく、そして彼女たちは寄宿舎に閉じ込められて生活していました。なぜそのような条件で彼女たちは働いているのでしょうか。次の史料をみてください（中村政則『労働者と農民』より引用）。

製糸工女約定証

スワ〔諏訪〕郡長地村　　番地

戸主　八幡伴蔵　長女

一金五円也約定金　　　工女　同　ヤス
十八年

右の者、貴家製糸工女として明治三十年三月より同年十二月まで、製糸開業中就業の約定致し、前記の約定金正に請け取り候《そうろう》。しかる上は成規・御家則堅く遵守致すべく候。期間中は何等の事故出来《しゅったい》候とも決して他の製糸家へ就業致さず候。万一右約定を違変候節は、違約より生ずる損害金は御請求に応じ、必ず弁償いたすべく、後日のため約定証、よってくだんのごとし

明治三十年六月二日　　　右戸主　八幡伴蔵

片倉兼太郎　殿

これは、製糸業の中心地、長野県の諏訪地方で、片倉という有名な製糸業者のもとで働くことになった八幡ヤスという一八歳の女性についての契約書です。昔の文章で読みにくいかもしれませんが、解説すれば次のようになります。ヤスは、明治三〇年、すなわち一八九七年の三月から一二月まで、一定の期間、片倉のもとで工女として働くこととなり、

製糸工場で繭から糸をつむぐ © 毎日新聞社／時事通信フォト

その契約が成立した代金として、片倉は五円を、ヤスの父八幡伴蔵に支払った。こうした契約を結んだ以上は、どのような理由があっても、ヤスは、片倉の工場での規則を守り、また片倉以外の工場で働くことはない。もし契約違反があった場合には、損害賠償金を支払う。のちのちの証拠のためにこの文書を作成する、ということです。

ここで注意してほしいのは、この契約は、製糸業者の片倉と、工女ヤスの父親で、八幡家という家の当主(「戸主」)である八幡伴蔵とのあいだで結ばれていることです。ヤスは、伴蔵をあるじとする「家」のために、「家」の収入を増加させる目的で、製糸工場に働きにいったのです。

「家」は、あるいは男性の「家」のあるじは、社会全体で競争が激しくなればなるほど、メンバー全員を働かせようとします。これはちょうど、競争が激しいときに、会社の社長が、社員をできるだけ働かせようとするのとかわりません。くりかえしますが、「家」は、単に一緒に食事をしたり、寝起きをともにしたりするだけではなく、生産や販売のための組織でもあるのです。

女性が「家」のために働かされるのは、製糸工場のような「家」の外とは限りません。すこし時期があとになりますが、大正時代に入って一九一八年、鳥取県のある農家の家族が、どのくらいの時間、どのような仕事をしていたかという調査がのこっています。この「家」は、四四歳の男性戸主、四〇歳のその妻、長女一八歳、次女一五歳、長男九歳、次男二歳、そして戸主の父七一歳、戸主の母六七歳の八人家族です。このメンバーのなかでもっとも長時間働いているのは、六七歳の母で、一年間の合計で三九二一時間です。次いで長女三三九九時間、妻が三二七八時間、戸主が三一五六時間と続きます。戸主の父は一九八二時間、一五歳の次女も一〇二〇時間働いています。

このうち、戸主と戸主の妻は労働時間の八割程度を、農業や、養蚕《ようさん》、畳表《たたみおもて》をつくる、といった、モノをつくる労働に費やしています。特に畳表をつくる仕事は妻の労働時間の約四分の一を占めています。畳表製造とは、藺草《いぐさ》という植物から、畳の表面につかわれる部分を製造する仕事ですが、これは別に自分の家の畳をつくっているわけではなく、商品として売られ、この家の現金収入に直結するものです。このように、農家が副業としておこなう製造業は、「農家副業」と呼ばれますが、明治の農家はこのような副業をさかんにおこないました。

一方、家事に従事しているのは、戸主の母と長女、次女です。食事の準備はもっぱら戸主の母が、育児は戸主の母と次女がおこなっています。現在の感覚でいえば、おばあさんが家事の主役で、おかあさんは育児にほとんどノータッチということです。三世代が分担しながらできるかぎり収入を増やそうとしている様子がみてとれます。

しかし、「家」単位で経済活動がおこなわれる社会で、表舞台に出てくるのは、あくまで「家」のあるじである男性です。女性は、「家」のメンバーとして、「家」の中、「家」の外の工場、場合によっては「家」の存続のために娼妓として働き、見えない部分に押し込められます。女性は、「通俗道徳のわな」にはまった社会の過酷さがしわ寄せされる人たちになっていたのです。

●女性の抑圧のさまざまな形

もう一度現在の日本に目を向けてみましょう。明治でも現代でも、女性の地位が男性に比べて低いことにかわりはありません。とはいえ、現代において、女性が差別、抑圧される形には、明治時代とは違った形のものもありそうです。

たとえば「専業主婦」のことを考えてみましょう。専業主婦も女性の働き方の一つです。育児、食事の準備、掃除といった仕事を、夫や子どものために、賃金を受け取ることもなくおこないます。一方その反面、夫は、家族全員が生活できるだけの給料を稼いでくることを期待されます。

「女性はみな結婚し、専業主婦になるべき」という考え方は、女性が、男性と同様に企業や官庁などで働くことを妨害するものです。そのような考え方は、女性の自由な選択を否定するわけですから、たしかに女性を差別するものです。一方で、「家」のために、男性家長のもと、必死でカネを稼ぐために農作業や副業をしなければならない農家の妻や娘からみれば、そうした肉体的な重労働から解放された専業主婦は、「よりマシ」な働き方にみえるかもしれません。

さらに、現代では、一人暮らしの女性、母子家庭の母親が、パートなど安い賃金の非正規雇用の仕事にしかつけず、貧困におちいるケースが多いことも問題視されています。これも、女性が正規職につきにくいという女性差別が原因にあるわけですが、こうした女性が「専業主婦願望」をもつこともあるでしょう。

もちろん、明治と同様、「家のため」に女性が抑圧される形の差別も依然として現代日本にはあります。このように、現代社会にはさまざまな形の女性への差別、抑圧があるわけですが、女性が弱い地位にあるかぎり、社会全体が無理をしようとすると、女性にしわ寄せがいくという構造はかわりません。

第七章

暴れる若い男性たち

——日露戦争後の都市民衆騒擾

●デモと暴動

ここまで明治社会の生きづらさ、息苦しさについて述べてきました。人びとは、ここから逃れるために、抗議の声を上げることはなかったのでしょうか。最後に、この点について考えてみたいと思います。

また、手がかりとして、現在の日本での抗議活動のあり方について考えてみましょう。

二〇一五年九月一九日の午前二時過ぎ、参議院本会議で、マスメディアなどでは「安全保障関連法案」と呼ばれていた法案の採決がおこなわれ、賛成多数で可決されました。一方、その時国会議事堂の外では、この法案に反対する人びとの抗議活動がおこなわれていました。抗議活動をおこなった人びとは、この法案は、戦争放棄を掲げた日本国憲法第九条に違反していること、また、この法案が成立すると、アメリカ合衆国の戦争に日本が巻き込まれてしまうことになり、日本に暮らす人びとの平和にとって脅威となるとしてこれを批判しました。

国会や首相官邸といった、政治の中枢に近い場所でデモが活発化したのは、二〇一一年三月一一日におきた地震によって、福島第一原子力発電所で事故が発生したことを一つのきっかけとしています。原子力発電所の廃止を求める運動が組織され、定期的に首相官邸前でデモンストレーションをおこなうようになったのです。

もちろんそれ以前から、人びとが何かを訴えるためにデモを組織することはよくおこなわれていました。また、時代をさかのぼれば、一九六〇年、日米安全保障条約の改定に反対した人びとが国会を取り囲んだデモのような、大規模な運動もありましたが、それ以降、大規模で、注目をあつめるようなデモがおきたかといえば、次第に規模も注目度も小さくなっていたことは事実です。

しかし、この「反原発デモ」は、ひさびさに、デモという政治活動のあり方に人びとの注目があつまるきっかけになりました。その流れを受けて、二〇一五年の安全保障関連法案反対運動が盛り上がりをみせることになったのです。学生たちの団体、ＳＥＡＬＤｓ（自由と民主主義のための学生緊急行動）を中心として、若者たちが反対運動のなかで目立った役割をはたしました。

さて、連日のようにおこなわれたこの抗議活動ですが、国会前のデモは、毎日どのように終了していたのでしょうか。デモには終了の予定時刻が定められており、その時刻が来ると、デモの主催者は活動終了を宣言します。そして、参加者に帰宅を促し、最寄り駅への誘導をおこなっていたようです。国会議事堂周辺にはたくさんの駅がありますが、Ｔｗｉｔｔｅｒ上などでは、もっともスムーズに帰ることができるルートの情報を拡散している人などもみうけられました。つまり、デモが終われば人びとはふつうに家に帰ったわけです。

●日比谷焼き打ち事件

さて、明治時代の話にもどりましょう。

明治時代の終わりごろから大正時代にかけて、東京を中心とした全国の都市で、人びとが、政府や自治体のなんらかの政策に抗議して集会を開き、あげく、警察署や交番、路面電車に放火したりする事件があいついでおきました。これを、現在の研究者は「都市民衆騒擾と呼んでいます。「騒擾」という単語は、第一章の「負債農民騒擾」のところで説明しました。この場合も「都市の民衆が、騒ぎをおこす」という意味で、「都市民衆騒擾」と呼びます。

その都市民衆騒擾の時代の幕開けとなったのは、一九〇五年九月五日の「日比谷焼き打ち事件」です。日比谷焼き打ち事件とは、この日、日比谷公園で開かれた日露戦争の講和条約(ポーツマス条約)への批判集会をきっかけにして、人びとが暴動をおこした事件を指します。藤野裕子さんという研究者の研究成果にもとづいて、これがどのようにおきたのかをみてみましょう。

事件の背景として、日露戦争とその講和条約について説明しておく必要があるでしょう。一九〇四年、日本政府とロシア政府は、中国東北部と朝鮮半島で、どちらがより大きな影響力をもつかをめぐって対立し、戦争に突入しました。これが日露戦争です。一九〇五年に、両国は戦争終結に向かって動き出し、アメリカ合衆国大統領セオドア・ローズヴェルトの仲介によって、アメリカのポーツマスで講和会議が開かれることになりました。

一九〇五年八月末になると、日本国内の新聞は、講和条約の内容について報道を始めます。そのなかには、多額の賠償金をロシアからとるべきである、あるいは、ロシア領の沿海州を日本に割譲《かつじょう》させるべきであるといった主張をする新聞もありました。しかし、実際に日露間で合意に達した講和条約の内容は、賠償金は支払われず、ロシアは、サハリン島の南部、南満州鉄道の経営権、旅順《りょじゅん》・大連《だいれん》の租借権《そしゃくけん》(中国政府から土地を借りる権利)を日本に譲る、というものでした。

この時点まで、日本はロシアに対して優勢に戦争を進めていましたが、決してこのまま余裕で勝てるという状況でもありませんでした。双方ともにこのあたりで手を打って戦争を終わらせたい、という思惑の結果がこのような条約の内容になったのです。

ところが、日本国内の新聞のなかには、このような条約の内容を批判するものが出てきました。政府はロシアからもっとたくさんの譲歩を引き出せるはずだ、政府の外交態度は弱腰だ、だから、このような講和条約は破棄すべきだ、という強硬路線の批判です。

条約締結日の九月五日に、ポーツマス条約破棄、戦争継続を主張する強硬派の政治団体は、東京の日比谷公園で、条約反対の集会を開くことを計画します。当時、政治集会を開くには警察への届け出と許可が必要でした。東京の警察を管轄する警視庁は、開催予定前日に集会禁止を決定します。そして、九月五日当日には、日比谷公園の各入口に警察官が派遣されました。

ところが、集会が開かれることを事前に聞いていた人びとは、つぎつぎと日比谷公園にあつまってきます。警察官たちは、集会は禁止されたことを告げ、人びとに立ち去るように求めますが、なかなか立ち去りません。ついに警察は公園内から人を追い出して、公園を封鎖してしまいました。そうすると今度は公園の入口で、入れろ、入れない、の押し問答が始まります。

昼過ぎに人びとはついに柵をやぶって公園内に侵入します。集会の主催者たちは、講和条約に抗議する文章を書いた旗やバルーンを掲げ、壇上で決議文を読み上げます。広い日比谷公園で、しかも混乱のさなかで、参加者たちにこの決議文の朗読が聞こえたとは思えないのですが、参加者たちは拍手喝采でこれにこたえ、君が代の演奏、万歳三唱で集会は幕を閉じます。

ここからが問題です。二〇一五年のデモとちがい、人びとはそのまま解散して家には帰らなかったのです。

実は主催者たちも、集会終了後にデモ行進を組織していました。しかしそれとはまったく別に、四〇〇〇人ほどの集団が、公園から東に進んで、国民新聞社という新聞社に押しかけます。国民新聞社は、徳富蘇峰《とくとみそほう》というう有名なジャーナリストが経営していた新聞社で、政府を支持する立場をとっていました。国民新聞社前にあつまった人びとのなかからは「国民新聞はロシアのスパイである、われわれ国民はこれを破壊すべきだ！」という声があがります。彼らの理屈では、日本政府はロシアに対して弱腰であり、そうした日本政府を支持している国民新聞社は、ロシアのスパイなのだということになるのです。集団は丸太で国民新聞社の扉を壊し、社内に侵入して印刷機を破壊します。

さらに別の集団は、内務大臣の官邸に向かいます。これも日比谷公園の集会の主催者たちが主導したわけではありません。内務大臣官邸は日比谷公園のすぐ向かい、現在は帝国ホテルという高級ホテルが建っている場所にありました。人びとは内務大臣官邸の警備詰所などに放火をはじめます。

このように、集会主催者の意思とは無関係に、日比谷公園を起点に焼き打ちが拡大してゆきます。主たるターゲットとなったのは、警察署や交番でした。翌九月六日までに、焼き打ちは東京市内全域にひろまります。焼き打ちは、数百人から一〇〇〇人くらいの集団が、警察署や交番をとりかこみ、石で窓ガラスをわって中に入り、室内をめちゃくちゃにしてから石油で火をつける、というパターンのくりかえしです。

興味深いのは、この一連の警察署・交番の焼き打ちは、ずっと同じ人がくりかえしやっていたわけではないという点です。ある警察署で焼き打ちがおこなわれると、集団は、次へ行くぞ！ といって別の場所に行って焼き打ちをおこなうわけですが、そのあいだに抜けてゆく人もいれば、野次馬がてら新たに参加してくる人たちもいる、というわけです。つまり、お互い顔見知りではない人たちがあつまって焼き打ちをやっているわけです。

ここからは、同じ「騒擾」といっても、明治の初めの時期に農村でおきた「負債農民騒擾」と、明治の終わりに都市でおきた「都市民衆騒擾」の性格が大きく違うことがわかります。負債農民騒擾では、同じ相手から借金をしている、同じ地域の人たちどうしが、協力してお金を貸した側に対して圧力をかけたのでした。一方、都市民衆騒擾で暴れている人たちは、そのとき一回きりの集団で、継続性というものがありません。

九月六日になると、政府は軍隊を東京市内に出して、事態の鎮圧をはかります。そして、政府の側にとって幸運だったのは、六日夜から雨が降り出したことです。継続性のない、自然発生的な集団なので、天気が悪くなると人びとは家に帰ってしまい、事件は終息したのでした。

さて、この日比谷焼き打ち事件をどのように位置づけたらよいでしょうか。

たしかに、事件のきっかけは、講和条約破棄・戦争継続を主張する政治家・活動家たちが、集会を開いたことでした。しかし、その後の焼き打ちのひろがりは、そうした集会主催者が指導しておこしたものではなく、自然発生的にひろまっていったものです。なにかきっかけがあれば爆発するような不満が、都市民衆のあいだにたまっていたと考えるほかありません。

●日比谷事件後の都市民衆騒擾

その理由を知るために、日比谷焼き打ち事件のあとにつづいた都市民衆騒擾の様子を、もうすこし追いかけてみましょう。

桂内閣退陣を求め，衆議院に集った群集(1913年2月)　© 毎日新聞社／時事通信フォト

日比谷焼き打ち事件は、民衆が屋外で暴力的な行動をおこす前例となりました。一度おきると、似たような事件がつぎつぎとおきるのです。

大きなものとしては、一九〇六年の電車運賃値上げ反対運動、一九〇八年の増税反対運動、大正時代にはいって、一九一三年の桂太郎内閣打倒運動、一九一四年の汚職事件(ジーメンス事件といって、海軍の高官がジーメンス社というドイツ企業から賄賂《わいろ》をうけとっていたという事件です)追及などがあげられます。一九一八年八月、米の値段の値上がりをきっかけに全国でおきた「米騒動」はよく知られていますが、研究者のあいだでは、一連の民衆騒擾の最後のものとして位置づけられています。明治末期から大正初期の東京では、現在では考えられないことですが、数年おきに暴動がおきていたのです。

都市民衆騒擾は、実に三つの内閣を倒しています。一九一三年の暴動では桂太郎首相が、一九一四年には山本権兵衛首相が、そして一九一八年の米騒動では寺内正毅《まさたけ》首相が退陣に追い込まれたのです。もっとも、これは民衆が直接首相官邸に乗り込んで、政府を倒したわけではありません。騒擾による社会の混乱を背景に、首相の責任が問われて内閣が倒れるのです。

そして、都市民衆騒擾にはきまったパターンがあり、これは日比谷焼き打ち事件からほぼ同じです。

第一に、何らかの政治集会が開かれます。この政治集会を開く団体はまちまちです。日比谷焼き打ち事件のときには、対外強硬路線を主張するグループが主導しましたが、いつもこうした主張をする団体だったわけではありません。ともあれ、何らかの集会の告知があり、人びとがそこにあつまってくるわけです。そして、ある時点から、必ずしも集会の主催者が主導するわけではなく、自然発生的に暴動がおこります（なお、繰り返されるようになってくると、主催者側はこうした暴動が発生することをあらかじめ期待して、集会を開いているものと思われます)。つまり、騒擾をおこす人たちは、自分たちから自発的に騒擾をおこすわけではなく、外からきっかけが与えられると騒擾に参加してくるのです。

第二に、いちど暴動がおきると、その襲撃対象は、最初の政治集会の目的とは関係ないことも多いということです。定番は警察署と交番です。警察はとにかく暴動参加者の日常の不満の対象であったようです。

第三に、暴動の継続日数は長くありません。二日から数日といったところです。日比谷焼き打ち事件の時と同様、参加者たちは、お互い顔見知りというわけではなく、たまたまその場に居合わせた人たちの集団でした。ですから、運動は継続性をもたず、短期間で収まってしまう傾向にありました。

この都市民衆騒擾の参加者について、先に名前をあげた藤野裕子さんは興味深い事実を指摘しています。それは、参加者の大部分が「若い男性」であったという事実です。

まず、暴動に参加したとして検挙されたり、裁判にかけられたりしているのは、全員が男性です。参加者の大部分は男性でした。

そして、年齢をみてみると、一五歳から二五歳までの参加者が全体の六割から七割前後を占めます。この時期の東京で、この年代の男性は、男性の人口全体の四分の一程度でした。つまり、人口全体のなかで、この年齢層だけが集中的に暴動に参加したのです。

さらに重要なのは、一九〇五年の日比谷焼き打ち事件から、一九一八年の米騒動まで、この世代の参加者が多いという傾向が変わらない、ということです。よく考えてみるとこれは奇妙です。一九〇五年から一九一八年まで一三年が経過しているわけですから、日比谷焼き打ちに参加した人が、そのままずっと暴動に参加しつづけていれば、暴動参加者の平均年齢は上がるはずです。しかし平均年齢は上がらないのです。つまり暴動参加者は、この一三年間に入れ替わっています。その時々の「若い男性」が、暴動で暴れる主役だったわけです。

この若い男性たちの職業はどうだったかといえば、職人、工場労働者、人力車夫《しゃふ》や日雇い労働者などの比率がどの暴動でも高い値を示しています。都市の最底辺「貧民窟《ひんみんくつ》」の住民とまではいかなくとも、第二章でみたような都市下層社会の人びとが中心であったことは確かです。

つまり、二〇世紀のはじめ、明治の終わりから大正初期にかけて、東京では「若い男性の都市下層民たち」が、なんらかの政治集会が開かれると、それをきっかけに暴動をおこすということが繰り返しおきていたのです。

●なぜ若い男性は暴動をおこすか

さて、いよいよ問題の核心です。明治社会の生きづらさ、息苦しさと、若い男性がこの時期くりかえし暴動をおこすこととの間にはどのような関係があるのでしょうか。

この点についても、藤野裕子さんは重要な指摘をしています。都市下層の若い男性たちは、明治時代の主流の価値観に対して、それにあえてさからう価値観をもっていた、というのです。もたざるをえない状況に追い込まれていた、というのが正確かもしれません。

つまりこういうことです。明治時代の主流の価値観とは、これまで私たちがみてきたように「通俗道徳」的な考え方です。がんばって働き、倹約して貯蓄すれば、かならず経済的に成功をおさめることができる。貧困におちいるのは、がんばっていないからだ。これが、明治時代のメインストリームの価値観、「通俗道徳」でした。

ところが、都市下層民たちは、実際にはそのような可能性は奪われています。毎日働いても貯蓄はできません。なにしろ場合によっては布団も買えないで借りているような生活をしているわけです。いくらがんばったところで、豊かになる道は閉ざされているのです。男性の場合は「自分の店をもつ」、つまり前の章でみた「家」のあるじとなることが経済的成功の目安とされていましたが、貯蓄もできないのですからそんなお金のつくりようもありません。

そういう状況の中に置かれた若い男性は当然やりきれない思いをかかえます。そこで、彼らは「あえて」通俗道徳にさからってみせます。いくら節約しても貯蓄できる可能性がないのなら、「あえて」その日に稼いだお金は、ぱっと潔くその日のうちにつかってしまう。自分のことを顧みず、危険な仕事を「あえて」ひきうける。自分が貧しくても、困っている人を「あえて」助けてやる。そして、気に入らないことがあれば、警察につかまったりトラブルになったりするとわかっていても、「あえて」ぶん殴る。

そういうのが、「かっこいい」、あるいは「男らしい」。そういうカルチャーが、都市の若い男性労働者たちの間に広まっていったというのです。主流の文化に対する「対抗文化」です。

藤野さんは、この時期の都市民衆騒擾の背景には、こうした、若い男性の対抗文化があったといいます。政治集会をきっかけに、若い男性のかかえるやりきれなさが、主流の価値観からみれば悪いことに決まっている、建造物の破壊や放火というかたちで噴出してくる。それは、そのような危険な行為への参加を「かっこいい」という若い男性労働者のカルチャーがあったからだ、というのです。

●「あえて」もまた「わな」

若い男性労働者の「あえて」通俗道徳を無視する、というカルチャーは、確かに「通俗道徳のわな」に対する一つの抵抗のしかたです。しかし、それだけでは「通俗道徳のわな」から逃れることはできません。

第一に、それは、単純に通俗道徳をひっくり返して反対のことをやっているだけだからです。「良い」とされていることをやらない、「不良」のカルチャーといってもよいと思います。世の中で良いとされていることを「あえて」やらないという態度は、世の中で良いとされていることが何であるか、身に染みて分かったうえでの態度です。「世間の人はこういうのを悪いことだと思うだろうな」と、メインストリームのカルチャーを横目でみながら、浪費したり暴力をふるったりしているわけです。当然、そこには、劣等感がともないます。「本当は良いことを自分はやっていない」という劣等感です。「不良」のカルチャーは、「通俗道徳のわな」から自由ではないのです。

第二に、彼らが通俗道徳にしたがおうとしたがうまいと、社会全体が「通俗道徳のわな」に人びとをはめ込むような仕組みになっている以上、事態はなにもかわらない、ということです。どうせ貯金できない状況に置かれた人が、いかに強がって「貯金なんてかっこ悪いぜ！」といってみたところで、世の中はなにもかわりません。むしろ、通俗道徳にもとづいて行動している人たちは、そのような暴れる若者たちをみて「ああ、あいつらはああやってまともな生活をしないからいつまでも貧困から抜け出せないんだな」と思うでしょう。それは「わな」にさからっているようにみえて、実は、「わな」を強化しているようなものです。

残酷な事実です。暴動への参加者が若い男性に限られるのは、都市の下層民たちは年齢を重ねるにつれ、こうした残酷な事実を理解するようになるからです。自分たちがより豊かになる可能性がないことを、彼らは経験を通じて知り、「自分の店をもち、一家のあるじになる」などという将来を夢みることをやめます。もはやあえて暴動に参加して不満を爆発させることもなく、彼らはその日その日を生きてゆくことになるのです。

●戦争と平和、暴力と非暴力

あらためて、もう一度、二〇一五年の安保法制反対デモに目を向けてみましょう。日比谷焼き打ち事件とはだいぶ様子が違うことは明らかです。デモが暴力をふるって何かをうちこわすということはありませんでした。そして、政治集会の向いている方向も正反対です。日比谷公園の集会の主催者たちは、戦争の継続を訴えていたのに対し、安保法制反対運動は、日本が戦争に巻き込まれることに反対する、平和主義の立場に立っていたからです。

もっとも、ここまでの説明で明らかなとおり、暴動に参加した若者たちが、政治的なスローガンだけに引き付けられていたわけではありません。日常の不満が、対外強硬派の集会にあおられて暴動に発展した、というべきものです。しかし、全体としてみれば、日比谷焼き打ち事件が暴力の方向を向いているのに対して、安保法制反対デモは非暴力の方向を向いているといえます。

それでは、現代日本では、もっぱら非暴力・平和主義の立場からのみデモが組織されているかというと、そうではありません。二〇一三年以降、在日韓国・朝鮮人の多い大阪の鶴橋や東京の新大久保で、韓国・朝鮮人に「出ていけ」「追放しろ」などと叫ぶデモがあいついでおきました。「殺せ」という声もあがったと報道されています。こうした、日本に住む外国籍や外国にルーツをもつ人びと、とくに朝鮮半島や中国出身者に対して差別的、暴力的な言動をとるデモも、現代日本に最近表れてきた現象です。こうした暴力的・排外主義的な言動(憎悪＝ヘイトをあおるという意味で、「ヘイト・スピーチ」と呼ばれます)の背後にあるものは何か。私に答えはありませんが、都市民衆騒擾期の背後に過酷な「通俗道徳のわな」があったことを思い出してみるならば、現代においても、社会全体に息苦しさが広がっているという共通性があるのかもしれないと考えてみることは許されるでしょう。

おわりに――現代と明治のあいだ

●明治社会の生きづらさ

ここまで私たちは、明治時代の社会が、かなり厳しい社会であったことをみてきました。生き残りのために、人びとは必死に働かなければなりませんでした。一方、競争の敗者、経済的に失敗した人に対しては冷たい社会でした。「がんばればかならず成功する」という「通俗道徳」の考え方がひろまっていました。「成功するためにはがんばらなければならない」からといって、「がんばればかならず成功する」とは限らないので、「がんばったのに失敗した」あるいは「がんばったのに貧困から抜け出せない」人びとが膨大に発生します。しかし、そうした人びとはがんばりが足りなかったとみなされ、「ダメ人間」のレッテルが貼られてゆきます。

明治維新という大きな変革は、江戸時代の社会の仕組みを壊しました。江戸時代の村請《むらうけ》制《せい》による連帯責任のように、相互に助けあうことを強いられていた人びとの結びつきはなくなります。できたばかりの小さくて弱い政府は頼りになりません。頼りになるのは自分の努力だけです。こうした状況のもとでは、ともかくも人はがんばってみるしかありません。がんばって成功した人は、自分の成功は自分のがんばりのおかげだと主張します。成功しなかった人は、ああがんばりが足りなかったのだなあと思いこむようになります。本当は、成功した人は運が良かっただけかもしれず、失敗した人は運が悪かっただけかもしれないとしても、です。私は、この本のなかで、こうした思考のパターンに人びとがはまりこんでゆくことを「通俗道徳のわな」と呼びました。

●明治と現代の比較

あらためて、私たちの生きている時代と、明治時代をくらべてみたとき、おそらく二つの感想が出てくると思います。

一つには、明治時代にくらべると、私たちは、だいぶマシな社会に生きていると感じられるでしょう。

まず、生活の全体的な豊かさの水準がまったくちがいます。人間が人間を乗せて走る人力車のようなものは現代社会には存在せず、飛行機、鉄道、自動車のような交通手段が発達しています。上下水道が整備され、都市の環境は、明治の貧民窟《ひんみんくつ》よりだいぶ改善されています。ネットカフェ難民と木賃宿《きちんやど》の住人が似ているといっても、ネットカフェのほうがずっと快適な環境であることは言うまでもありません。

さらに、現代社会では、日本国憲法第二十五条で「健康で文化的な最低限度の生活」が、少なくとも建て前として保障されています。そして、そのうえに各種の社会保障・社会福祉の仕組みがあります。一九六一年に、日本では「国民皆保険」が達成され、医療費の相当部分は、みんなが払った保険料をもとに、保険から支出されることになりました。あっさりと「施療券《せりょうけん》」制度が廃止されてしまった明治の東京とは大きなちがいです。

この百数十年のあいだに、なにがおこって現代社会にいたるのか。残念ながら、それを説明することはこの短い本ではできません。ごく簡単にいえば、明治時代のような過酷な社会を放置しておくのは良くないという考え方が、一九二〇年代ぐらいには政府のなかでも強くなっていったこと、そしていうまでもなく、アジア・太平洋戦争が終わったあと、アメリカを中心とした占領軍のもとで進められた改革で、日本の社会の仕組みが大きくかわったこと、一九五〇年代の終わりから七〇年代はじめにかけて、高度経済成長と呼ばれる経済の急速な成長があったこと、それらの結果が現代の日本社会です。

しかしもう一方では、そうした大きなちがいがあるにもかかわらず、二つの社会は、どこか似ている、と感じられる場合もあるでしょう。この本のなかでは、そうした似ている点について、あちこちで指摘してきました。第一に、現代の日本では、生活保護という、生存のための最終手段ともいうべき公的な制度に頼ることに対する批判があり、また生活保護をうけることが「恥ずかしい」と感じる人たちもいます。第二に、成功するかしないかは、すべて自分の努力にかかっている、という考え方があちこちで顔を出す社会です。「通俗道徳のわな」に、私たちは依然としてはまっているようにも思えます。

単純に二つの社会が似ていることを指摘しているだけでは、そこから先に議論は進みません。たまたま似ている部分があるだけかもしれません。

似ている点を強調し、「これは日本人の国民性なのだ」と開き直ることにも、私はあまり感心しません。まず話が雑すぎて説明になっていません。そして、もしそれが「国民性」だとしたら、私たちは、それを変える希望をもつことができません。

私は、明治時代の日本社会と、現代日本社会が似ていることには、共通の背景があると思います。ここから先は、歴史学者としての私の領分を一歩ふみこえることになるのですが、考える手がかりとして、明治時代と現代が似ている理由を二つ挙げてみたいと思います。

第一に、明治時代の社会も、現代の社会も、大きな目でみれば、近代的な資本主義というおなじ仕組みの社会である、ということです。資本主義社会とは、生活に必要なものを、お金で買う社会です。つまり、市場の役割が大きくなり、市場において、人びとが必要とするモノやサービスが取引される世の中のことです。

しかし、必要なものの多くが市場で取引される社会では、人は、必要なものを買うためにお金を稼がなければなりません。市場では、誰もタダでモノをくれたりはしません。だから、市場を中心にして回る社会は、もともと、「努力すれば成功する」という考え方と相性がいいのです。一人ひとりが働いてお金を稼ぎ、稼いだお金の範囲でモノが買える。たくさん働けば生活は豊かになるだろう。資本主義社会とはこういう理屈が影響力をもちやすい仕組みだといえます。

実際、「貧困者を助けても、怠け者が増えるだけ」という理屈は、日本に特有の理屈ではありません。資本主義経済が全面的に開花した一九世紀のイギリスでも、似たような議論は大きな影響力をもっていました。明治時代は、まさに日本でこうした資本主義的な経済の仕組みが誕生した時代でした。明治時代人も、現在の私たちも、資本主義の社会に生きている以上、おなじようなわなにはまりやすい状況にあるわけです。

第二の理由は、明治時代の社会も、現代の社会も、これまでの仕組みが壊れた、あるいは壊れつつある社会であり、かつ、政府があまりたくさんカネをつかわない方向の経済政策をとっているという点です。

「はじめに」でも述べたように、現代日本社会にはたしかに行き詰まり感があります。

これまでうまくいっていたようにみえた何かが、うまくいかなくなっているという感じを、誰もがもっています。それにせかされるように、社会の変化の速度も急速になっているように感じられます。非正規雇用がふえたことで、生活の安定度は下がりました。明日はどうなるかわからないという不安が、現在の日本社会では増しているのです。

しかし、このような人びとの不安の増大に対して、政府は、積極的にカネをつかうという方向で対応しようとはしてきませんでした。むしろ、政府は借金を抱えすぎており、それを減らすために、できるだけ節約をしよう、小さな政府をめざそう、という方向で、経済政策の運営をすすめてきました。そもそも、第一章で述べたように、資本主義経済には景気変動の波があり、その時々の運不運で、豊かになる人もいれば貧困におちいる人もいます。その運不運を調整するために、政府は税金として集めたカネをつかって不運な人びとをある程度助ける機能をもっているわけですが、政府にカネがない、あるいは政府がカネをつかおうとしなければ、そうした政府の機能は失われてしまいます。

なぜ、現代日本社会にはこのような行き詰まり感があるのか。なぜ、日本政府は人びとの不安を和らげるために、カネをもっとつかおうとは思わないのか。そもそもなぜ日本政府の借金は、そういったことにカネがつかえないほどまで膨らんでしまったのか。

この理由は、私にもわかりません。私は歴史学者なので、現在おきていることを厳密に分析する専門的な知識をもっていないからです。

ただ、明治時代の社会と現在を比較して、はっきりしていることは、不安がうずまく社会、とくに資本主義経済の仕組みのもとで不安が増してゆく社会のなかでは、人びとは、一人ひとりが必死でがんばるしかない状況に追い込まれてゆくだろうということです。そして、「がんばれば成功する」という通俗道徳のわなに、簡単にはまってしまうということです。それを信じる以外に、未来に希望がもてなくなってしまうからです。

明治社会と現代日本社会が、「努力すればなんとかなる」「競争の勝者は優れている」という思考法がはびこり、それゆえ、競争の敗者や、偶然運が悪かったにすぎない人びとのことを考える余裕を失い、みんなが必死で競争に参加しなければならない息苦しい社会である、という点で似ているのはなぜか。その原因は、不安を受け止める仕組みがどこにもないという共通点があるからではないか。これが私の答えです。

私はこれまで、ずっと「わな」という表現をつかってきました。しかし、これは、あくまで例えです。実際に、一頭のキツネが猟師の仕掛けたわなにかかっているのとはわけがちがいます。私たちは一人ひとりが、リアルにわなにかかって動けなくなっているわけではありません。そして、「通俗道徳のわな」は、どこかで悪い人がつくって仕掛けたわなでもありません。不安な人びとが、不安だからこそ、ついついがんばるという選択を積み重ねた結果、自分たちで、自分たちのつくった仕組みにとらわれているのです。

わなにかかった一頭のキツネとちがって、私たちは人間です。考える力をもっています。頭をつかって、学問の力で、わなの存在を見抜くこと。「通俗道徳のわな」が、リアルなわなではなく、人間が自分でつくって、自分ではまり込んだ仕組みに過ぎないこと——そのことに気が付くことは、それ自体がわなから逃れるための、欠かせない一歩です。

わなを見抜いたからといって、すぐにわなから逃れることができるわけではありません。実際に、社会が不安定で、先行きが不透明であれば、どうしたって人びとはがんばりの競争に巻き込まれてしまいます。一人だけ競争から降りたら、生き延びてゆくことはできないからです。

「はじめに」にも書きましたが、私は臆病な人間です。できれば、大胆にチャレンジしなければ生き残っていけないような社会ではなく、臆病な人間でも、平穏無事になんとか生きていけるような社会を望んでいます。同時に、臆病で不安な人間こそ、先行き不透明な社会のなかで、取り残されるのではないかという不安に駆られてついつい「通俗道徳のわな」にはまってしまう人間でもあります。

それでも、私も、みなさんも、いかに臆病で弱くとも、わなにかかった一頭のキツネとはちがうのです。わなの存在を見抜き、さらに、一人ではなく、協力して、わなを生み出す社会の仕組みそのものを変えてゆく可能性は開かれていると私は信じています。

私は、明治時代の人びとのはまった「わな」の仕組みを考え、明らかにすることは、明治時代の人びとの、正直に言えばなかなかつらい経験を、これから先の、より良い社会をつくる可能性につなげていくことだと思っています。

臆病で弱い私のこうした思いが、この本を手にとってくれたみなさんのもとに届くことを願っています。

「煙管を持つ老人(1890年ごろ)」(『モース・コレクション写真編　百年前の日本』小学館，1983年より．セイラム・ピーボディー博物館所蔵)

あとがき

歴史の研究は、役に立つものなのでしょうか。実は、そんなことを正面きって聞かれたことはないのですが、「役に立つ」というのは「何の」役に立つのか、という目的といつもセットです。やかんは何の役に立つのか、と聞かれれば、それはお湯を沸かす役に立つわけです。歴史の研究はすくなくともお湯を沸かす役に立たないことは確かで、お茶を入れようという目的にとって歴史の研究はやかんより役に立ちません。では何の役に立つのでしょうか？　何の役にも立たないのでしょうか？

もっとも、歴史の研究者を含め、一人ひとりの人間は何かの役に立つために生まれてきたものではないでしょう。私もあなたもやかんではありません。ところが実際には、一人ひとりの人間を、何かの目的のために、道具としてつかおうとする人たちがいます。あるいは、お互いがお互いを道具として利用しあうような形でしか生きていけない世の中であることがあります。たいていの場合、当人たちがどう思っているかはともかく、そういう関係で世の中はなりたっているのだとも言えます。

それはそれでいいのかもしれません。お互いがお互いの、さまざまな目的の役に立って世の中まわっていれば、これといって困ることもないわけです。

しかし私は(この本のなかでも繰り返しましたが)結構臆病なので、そのような世の中が怖いと感じることがあります。人間一人ひとりが抱く目的とか思惑なんてものはまちまちなうえに、うかがい知ることができないものですから、お互いがお互いを利用しあうというのは、実はとても複雑で先の見通せない仕組みをつくり上げます。ちょっとしたことでいきなり仕組みがこわれてしまって、利用されたくない目的に自分が利用されたり、何かとんでもないことに巻き込まれたりしてしまうのではないか、という不安を拭い去ることができません。実際、人類の歴史を振り返ってみればそんなことはいくらでもありました。

たとえて言えば、自分はそれなりにやかんとして人の役に立つことによって幸せに暮らしていたのだが、ある日突然やかんの持ち主によって、電気ケトルを買ったのでお前はもういらないと言われるとか、水ではなくて爆薬を詰められて誰かに投げつけられたりするというようなことがおこらないとも限らないと思うと、ずっとやかんでいいのだろうか？という不安に駆られたりする、というようなことです。そんなわけで、私は、世の中のあまりの複雑さ、わけのわからなさが怖いですし、おろおろしてしまうこともあります。たぶん、そうした不安にあらがう方法の一つが、言葉によって、理屈にそって、自分が何におろおろしているのかを、誰かに伝えることなのだと思います。何の役に立つのかを性急に考える前に、役に立つとか立たないとか言われるのは、どのような人びとのどのような目的のからみあいのなかで言われていることなのかを見極め、それをお互いに伝えあうこと。私にとって研究とはそのような営みです。

言葉をつかって何かを伝えるということは、その内容を自分でない誰かと共有するということです。歴史学とは、過去の誰かがおこなった何かについて、誰かが書き残した言葉を読み、それを現在の言葉によって現在の人びとに伝えるということです。遠い過去の人たちもまた、ときに世の中のわけのわからなさの前におろおろとしています。それを現在、なお、わけのわからない世の中でおろおろしている人びとのもとに届けることとは、世の中の複雑さ、わけのわからなさに立ち向かうときに、私たちが発することのできる言葉や理屈を豊かにすることにつながるのではないでしょうか。私もあなたも、やかんでもなければ電気ケトルでもないのですが、やかんにされてしまった人の経験を知ることは、電気ケトルにされてしまった人にとって、自分の境遇を説明することを容易にしてくれるのではないでしょうか。この本は私のそんな歴史研究の一つです。

もっとも、この本は私以外のさまざまな研究者の研究成果を私なりに整理したものでもあります。興味をもった方はぜひ参考文献に挙げた研究を読んでいただきたいと思います。

最後に、本書の執筆の機会を与えてくださった岩波書店の山本慎一さんに、深くお礼を申し上げたいと思います。また、この本の章のいくつかは、慶應義塾大学経済学部における「社会問題」という講義の一部を原型にしています。コメントや感想を寄せてくれた学生のみなさんに感謝します。

二〇一八年八月五日

松沢裕作

参考文献

全体にかかわるもの

大倉喜八郎述・菊池暁汀編纂・東京経済大学史料委員会編集『致富の鍵』(東京経済大学、二〇一七年)

池田敬正『日本社会福祉史』(法律文化社、一九八六年)

安丸良夫『日本の近代化と民衆思想』(平凡社ライブラリー、一九九九年)

はじめに

深尾京司・中村尚史・中林真幸編『岩波講座日本経済の歴史3　近代1』(岩波書店、二〇一七年)

第一章

稲田雅洋『日本近代社会成立期の民衆運動』(筑摩書房、一九九〇年)

鶴巻孝雄『近代化と伝統的民衆世界』（東京大学出版会、一九九二年）
色川大吉責任編集『三多摩自由民権史料集』（大和書房、一九七九年）

第二章

中川清『日本の都市下層』（勁草書房、一九八五年）
松原岩五郎『最暗黒の東京』（講談社学術文庫、二〇一五年）
横山源之助『日本の下層社会　改版』（岩波文庫、一九八五年）

第三章

小川政亮「恤救規則の成立」（福島正夫編『戸籍制度と「家」制度』、東京大学出版会、一九五九年）
古田愛「明治二三年窮民救助法案に関する一考察」（『日本史研究』三九四、一九九五年）

第四章

古川貞雄『増補 村の遊び日』（農山漁村文化協会、二〇〇三年）
坂野潤治『明治憲法体制の確立』（東京大学出版会、一九七一年）

第五章

大和孝明「一八七〇・八〇年代東京における医療保護制度と利用者認定問題」（『東京社会福祉史研究』三、二〇〇九年）
北原糸子『都市と貧困の社会史』（吉川弘文館、一九九五年）
中村隆英「マクロ経済と戦後経営」（西川俊作・山本有造編『日本経済史5 産業化の時代 下』、岩波書店、一九九〇年）
竹内洋『立志・苦学・出世——受験生の社会史』（講談社学術文庫、二〇一五年）
町田祐一『近代都市の下層社会』（法政大学出版局、二〇一六年）

第六章

禿あや美「働く人びとの分断を乗り越えるために」（井手英策・松沢裕作編『分断社会・日

本』、岩波ブックレット、二〇一六年）
久留島典子・長野ひろ子・長志珠絵編『歴史を読み替える　ジェンダーから見た日本史』（大月書店、二〇一五年）
横山百合子「幕末維新期の社会と性売買の変容」（明治維新史学会編『講座明治維新9　明治維新と女性』、有志舎、二〇一五年）
人見佐知子『近代公娼制度の社会史的研究』（日本経済評論社、二〇一五年）
中村政則『労働者と農民』（『日本の歴史』第二九巻、小学館、一九七六年）
谷本雅之「近代日本の世帯経済と女性労働」（『大原社会問題研究所雑誌』六三五・六三六、二〇一一年）

第七章

藤野裕子『都市と暴動の民衆史』（有志舎、二〇一五年）

松沢裕作
1976年東京都生まれ．1999年東京大学文学部卒業，2002年同大学院人文社会系研究科博士課程中途退学．東京大学史料編纂所助教，専修大学経済学部准教授を経て，現在，慶應義塾大学経済学部教授．専門は日本近代史．
著書『明治地方自治体制の起源』(東京大学出版会)，『町村合併から生まれた日本近代』(講談社選書メチエ)，『自由民権運動』(岩波新書)ほか．

生きづらい明治社会
——不安と競争の時代　　岩波ジュニア新書 883

2018年9月20日　第1刷発行
2025年5月15日　第15刷発行

著　者　松沢裕作《まつざわゆうさく》

発行者　坂本政謙

発行所　株式会社 岩波書店
〒101-8002 東京都千代田区一ツ橋 2-5-5
案内 03-5210-4000　営業部 03-5210-4111
ジュニア新書編集部 03-5210-4065
https://www.iwanami.co.jp/

印刷・理想社　カバー・精興社　製本・中永製本

ISBN 978-4-00-500883-4　　Printed in Japan

岩波ジュニア新書の発足に際して

きみたち若い世代は人生の出発点に立っています。きみたちの未来は大きな可能性に満ち、陽春の日のようにひかり輝いています。勉学に体力づくりに、明るくはつらつとした日々を送っていることでしょう。

しかしながら、現代の社会は、また、さまざまな矛盾をはらんでいます。営々として築かれた人類の歴史のなかで、幾千億の先達《せんだつ》たちの英知と努力によって、未知が究明され、人類の進歩がもたらされ、大きく文化として蓄積されてきました。にもかかわらず現代は、核戦争による人類絶滅の危機、貧富の差をはじめとするさまざまな人間的不平等、社会と科学の発展が一方においてもたらした環境の破壊、エネルギーや食糧問題の不安等々、来るべき二十一世紀を前にして、解決を迫られているたくさんの大きな課題がひしめいています。現実の世界はきわめて厳しく、人類の平和と発展のためには、きみたちの新しい英知と真摯《しんし》な努力が切実に必要とされています。

きみたちの前途には、こうした人類の明日の運命が託されています。ですから、たとえば現在の学校で生じているささいな「学力」の差、あるいは家庭環境などによる条件の違いにとらわれて、自分の将来を見限ったりはしないでほしいと思います。個々人の能力とか才能は、いつどこで開花するか計り知れないものがありますし、努力と鍛練の積み重ねの上にこそ切り開かれるものですから、簡単に可能性を放棄したり、容易に「現実」と妥協したりすることのないようにと願っています。

わたしたちは、これから人生を歩むきみたちが、生きることのほんとうの意味を問い、大きく明日をひらくことを心から期待して、ここに新たに岩波ジュニア新書を創刊します。現実に立ち向かうために必要とする知性、豊かな感性と想像力を、きみたちが自らのなかに育てるのに役立ててもらえるよう、すぐれた執筆者による適切な話題を、豊富な写真や挿絵とともに書き下ろしで提供します。若い世代の良き話し相手として、このシリーズを注目してください。わたしたちもまた、きみたちの明日に刮目《かつもく》しています。（一九七九年六月）

918 議会制民主主義の活かし方
―未来を選ぶために
糠塚康江

私達は忘れている。未来は選べるということを。必要なのは議会制民主主義を理解し、使いこなす力を持つこと、と著者は説く。

919 繊細すぎてしんどいあなたへ
HSP相談室
串崎真志

繊細すぎる性格を長所としていかに活かすかをアドバイス。「繊細でよかった!」読後にそう思えてくる一冊。

920 10代から考える生き方選び
竹信三恵子

10代にとって最適な人生の選択とは? 各選択肢が孕むメリットやリスクを俯瞰しながら、生き延びる方法をアドバイスする。

921 一人で思う、二人で語る、みんなで考える
―実践! ロジコミ・メソッド
追手門学院大学成熟社会研究所 編

課題解決に役立つアクティブラーニングの道具箱。多様な意見の中から結論を導くロジカルコミュニケーションの方法を解説。

922 できちゃいました! フツーの学校
富士晴英とゆかいな仲間たち

生徒の自己肯定感を高め、主体的に学ぶ場を作ろう。校長からのメッセージは「失敗OK!」「さあ、やってみよう」

923 こころと身体の心理学
山口真美

金縛り、夢、絶対音感——。様々な事例をもとに第一線の科学者が自身の病とも向き合って解説した、今を生きるための身体論。

924 過労死しない働き方 ―働くリアルを考える
川人 博
過労死や過労自殺に追い込まれる若い人を、どうしたら救えるのか。よりよい働き方・職場のあり方を実例をもとに提案する。

925 障害者とともに働く
藤井克徳 星川安之
「障害のある人の労働」をテーマに様々な企業の事例を紹介。誰もが安心して働ける社会のあり方を考えます。

926 人は見た目!と言うけれど ―私の顔で、自分らしく
外川浩子
見た目が気になる、すべての人へ!「見た目問題」当事者たちの体験などさまざまな視点から、見た目と生き方を問いなおす。

927 地域学をはじめよう
山下祐介
地域固有の歴史や文化等を知ることで、自分・社会・未来が見えてくる。時間と空間を往来しながら、地域学の魅力を伝える。

928 自分を励ます英語名言101
小池直己 佐藤誠司
自分に勇気を与え、励ましてくれるさまざまな先人たちの名句名言に触れながら、自然に英文法の知識が身につく英語学習入門。

929 女の子はどう生きるか ―教えて、上野先生!
上野千鶴子
女の子たちが日常的に抱く疑問やモヤモヤに、上野先生が全力で答えます。自分らしい選択をする力を身につけるための1冊。

936 ゲッチョ先生と行く 沖縄自然探検　盛口　満

沖縄島、与那国島、石垣島、西表島、宮古島を中心に、様々な生き物や島の文化を、著名な博物学者がご案内！　〔図版多数〕

937 食べものから学ぶ世界史 ―人も自然も壊さない経済とは？　平賀　緑

食べものから「資本主義」を解き明かす！産業革命、戦争…。食べものを「商品」に変えた経済の歴史を紹介。

938 国語をめぐる冒険　渡部泰明・平野多恵・出口智之・田中洋美・仲島ひとみ

世界へ一歩踏み出せば、新しい出会いと成長への機会が待っています。国語を使ってどう生きるか、冒険をモチーフに語ります。

940 俳句のきた道 芭蕉・蕪村・一茶　藤田真一

古典を知れば、俳句がますますおもしろくなる！　個性ゆたかな三俳人の、名句と人生、俳句の心をたっぷり味わえる一冊。

941 AIの時代を生きる ―未来をデザインする創造力と共感力　美馬のゆり

人とAIの未来はどうあるべきか。「創造力と共感力」をキーワードに、よりよい未来のつくり方を語ります。

942 親を頼らないで生きるヒント ―家族のことで悩んでいるあなたへ　コイケ ジュンコ NPO法人ブリッジフォースマイル協力

虐待やヤングケアラー…、子どもはどのようにSOSを出せばよいのか。社会的養護のもとで育った当事者たちの声を紹介。

943
数理の窓から世界を読みとく
―素数・AI・生物・宇宙をつなぐ
初田哲男
柴藤亮介 編著
数学を使いさまざまな事象を理論的に解明する方法、数理。若手研究者たちが数理を共通言語に、瑞々しい感性で研究を語る。

944
自分を変えたい
―殻を破るためのヒント
宮武久佳
いつも同じメンバーと同じ話題。親に勧められた大学に進学し、楽勝科目で単位を稼ぐ。ずっとこのままでいいのかなあ?

945
ヨーロッパ史入門
原形から近代への胎動
池上俊一
古代ギリシャ・ローマから、文化的統合体としてのヨーロッパの成立、ルネサンスや宗教改革を経て、一七世紀末までを俯瞰。

946
ヨーロッパ史入門
市民革命から現代へ
池上俊一
近代国家の成立や新しい思想の誕生、二度の大戦、アメリカや中国の台頭。「古い大陸」ヨーロッパがたどった近現代を考察。

947
〈読む〉という冒険
イギリス児童文学の森へ
佐藤和哉
アリス、プーさん、ナルニア……名作たちは、本当は何を語っている?「冒険」する読みかた、体験してみませんか。

948
私たちのサステイナビリティ
―まもり、つくり、次世代につなげる
工藤尚悟
「サステイナビリティ」とは何かを、気鋭の研究者が、若い世代に向けて、具体例を交えわかりやすく解説する。

955 世界の神話 躍動する女神たち　沖田瑞穂
強い、怖い、ただでは起きない、変わってる⁉ 世界の神話や昔話から、おしとやかなイメージをくつがえす女神たちを紹介！

956 16テーマで知る 鎌倉武士の生活　西田友広
鎌倉武士はどのような人々だったのでしょうか？ 食生活や服装、住居、武芸、恋愛など様々な視点からその姿を描きます。

957 〝正しい〟を疑え！　真山 仁
不安と不信が蔓延する社会において、自分を信じて自分らしく生きるためには何が必要なのか？ 人気作家による特別書下ろし。

958 津田梅子―女子教育を拓く　髙橋裕子
日本の女子教育の道を拓き、シスターフッドを体現した津田梅子の足跡を、最新の研究成果・豊富な資料をもとに解説する。

959 学び合い、発信する技術―アカデミックスキルの基礎　林 直亨
アカデミックスキルはすべての知的活動の基盤。対話、プレゼン、ライティング、リーディングの基礎をやさしく解説します。

960 読解力をきたえる英語名文30　行方昭夫
英語力の基本は「読む力」。先生と生徒の対話形式で、新聞コラムや小説など、とっておきの例文30題の読解と和訳に挑戦！

961 森鷗外、自分を探す　出口智之

文豪で偉い軍医の天才？ 激動の時代の感覚に立って作品や資料を読み解けば、自分探しに悩む鷗外の姿が見えてくる。

962 巨大おけを絶やすな！ ―日本の食文化を未来へつなぐ　竹内早希子

しょうゆ、みそ、酒を仕込む、巨大な木おけ。途絶えかけた大おけづくりをつなぎ、その輪を全国に広げた奇跡の奮闘記！

963 10代が考えるウクライナ戦争　岩波ジュニア新書編集部編

この戦争を若い世代はどう受け止めているのでしょうか。高校生達の率直な声を聞き、平和について共に考える一冊です。

964 ネット情報におぼれない学び方　梅澤貴典

新しい時代の学びに即した情報の探し方や使い方、更にはアウトプットの方法を図書館司書の立場からアドバイスします。

965 10代の悩みに効くマンガ、あります！　トミヤマ ユキコ

悩み多き10代を多種多様なマンガを通してお助けします。萎縮したこころとからだがふわっと軽くなること間違いなしの一冊。

966 新種発見物語 ―足元から深海まで11人の研究者が行く！　島野智之編著　脇　司

虫、魚、貝、鳥、植物、菌など未知の生物の探究にワクワクしながら、分類学の基礎も楽しく身につく、濃厚な入門書。

973 ボクの故郷は戦場になった
―樺太の戦争、そしてウクライナへ
重延 浩
1945年8月、ソ連軍が侵攻を開始し、のどかで美しい島は戦場と化した。少年が見た戦争とはどのようなものだったのか。

974 源氏物語入門
高木和子
日本の古典の代表か、色好みの男の恋愛遍歴か。『源氏物語』って、一体何が面白いの？ 千年生きる物語の魅力へようこそ。

975 「よく見る人」と「よく聴く人」
―共生のためのコミュニケーション手法
広瀬浩二郎
相良啓子
目が見えない研究者と耳が聞こえない研究者が、互いの違いを越えてわかり合うためコミュニケーションの可能性を考える。

976 平安のステキな！女性作家たち
川村裕子
早川圭子 絵
紫式部、清少納言、和泉式部、道綱母、孝標女。作品の執筆背景や作家同士の関係も解説。ハートを感じる！王朝文学入門書。

977 国連で働く
―世界を支える仕事
植木安弘 編著
平和構築や開発支援の活動に長く携わってきた10名が、自らの経験をたどりながら国連の仕事について語ります。

978 農はいのちをつなぐ
宇根 豊
生きものの「いのち」と私たちの「いのち」はつながっている。それを支える「農」とは何かを、いのちが集う田んぼで考える。

979 10代のうちに考えておきたいジェンダーの話　堀内かおる

10代が直面するジェンダーの問題を、未来に向けて具体例から考察。自分ゴトとして考えた先に、多様性を認め合う社会がある。

980 食べものから学ぶ現代社会 ―私たちを動かす資本主義のカラクリ　平賀　緑

食べものから、現代社会のグローバル化、巨大企業、金融化、技術革新を読み解く。『食べものから学ぶ世界史』第2弾。

981 原発事故、ひとりひとりの記憶 ―3・11から今に続くこと　吉田千亜

3・11以来、福島と東京を往復し、人々の声に耳を傾け、寄り添ってきた著者が、今に続く日々を生きる18人の道のりを伝える。

982 縄文時代を解き明かす ―考古学の新たな挑戦　阿部芳郎 編著

人類学、動物学、植物学など異なる分野と力を合わせ、考古学は進化している。第一線の研究者たちが縄文時代の扉を開く！

983 翻訳に挑戦！ 名作の英語にふれる　河島弘美

he や she を全部は訳さない？　この人物は「僕」か「おれ」か？　8つの名作文学で翻訳の最初の一歩を体験してみよう！

984 SDGsから考える世界の食料問題　小沼廣幸

アジアなどで長年、食料問題と向き合い、今も邁進する著者が、飢餓人口ゼロに向け、SDGsの視点から課題と解決策を提言。

985 迷いのない人生なんて
―名もなき人の歩んだ道
共同通信社編
共同通信の連載「迷い道」を書籍化。家族との葛藤、仕事の失敗、病気の苦悩…。市井の人々の様々な回り道の人生を描く。

986 ムクウェゲ医師、平和への闘い
―「女性にとって世界最悪の場所」と私たち
立山芽以子
華井和代
八木亜紀子
アフリカ・コンゴの悲劇が私たちのスマホに繋がっている？　ノーベル平和賞受賞医師の闘いと紛争鉱物問題を知り、考えよう。

987 フレーフレー！就活高校生
―高卒で働くことを考える
中島　隆
就職を希望する高校生たちが自分にあった職場を選んで働けるよう、いまの時代に高卒で働くことを様々な観点から考える。

988 野生生物は「やさしさ」だけで守れるか？
―命と向きあう現場から
朝日新聞取材チーム
多様な生物がいる豊かな自然環境を保つために、時にはつらい選択をすることも。悩みながら命と向きあう現場を取材する。

989 〈弱いロボット〉から考える
―人・社会・生きること
岡田美智男
弱さを補いあい、相手の強さを引き出す〈弱いロボット〉は、なぜ必要とされるのか。生きることや社会の在り方と共に考えます。

990 ゼロからの著作権
―学校・社会・SNSの情報ルール
宮武久佳
情報社会において誰もが知っておくべき著作権。基本的な考え方に加え、学校と社会でのルールの違いを丁寧に解説します。

岩波ジュニア新書

991 データリテラシー入門
―日本の課題を読み解くスキル
友原章典

地球環境や少子高齢化、女性の社会進出など社会の様々な課題を考えるためのデータ分析のスキルをわかりやすく解説します。

992 スポーツを支える仕事
元永知宏

スポーツ通訳、スポーツドクター、選手代理人、チーム広報など、様々な分野でスポーツを支えている仕事を紹介します。

993 おとぎ話はなぜ残酷でハッピーエンドなのか
ウェルズ恵子

異世界の恋人、「話すな」の掟、開けてはいけない部屋――現代に生き続けるおとぎ話は、私たちに何を語るのでしょう。

994 歴史的に考えること
―過去と対話し、未来をつくる
宇田川幸大

なぜ歴史的に考える力が必要なのか。近現代日本の歩みをたどって今との連関を検証し、よりよい未来をつくる意義を提起する。

995 ガチャコン電車血風録
―地方ローカル鉄道再生の物語
土井　勉

地域の人々の「生活の足」を守るにはどうすればよいのか？　近江鉄道の事例をもとに地方ローカル鉄道の未来を考える。

996 自分ゴトとして考える難民問題
―SDGs時代の向き合い方
日下部尚徳

「なぜ、自分の国に住めないの？」彼らが国を出た理由、キャンプでの生活等を丁寧に解説。自分ゴトにする方法が見えてくる。